Marius Mödinger

Gamification in der Arbeitswelt

Wie Unternehmen mit Spielen die Mitarbeitermotivation steigern können

Bibliografische Information der Deutschen Nationalbibliothek:

Die Deutsche Nationalbibliothek verzeichnet diese Publikation in der Deutschen Nationalbibliografie; detaillierte bibliografische Daten sind im Internet über http://dnb.d-nb.de abrufbar.

Impressum:

Copyright © EconoBooks 2021

Ein Imprint der GRIN Publishing GmbH, München

Druck und Bindung: Books on Demand GmbH, Norderstedt, Germany

Covergestaltung: GRIN Publishing GmbH

Abstract

Der Begriff Gamification ist noch relativ jung. Es kann ein mächtiges Werkzeug sein um Menschen bei ihren Tätigkeiten, sei es im Alltag oder im Beruf, zu motivieren und zu unterstützen.

Das Ziel dieser wissenschaftlichen Arbeit ist es, die Vor- und Nachteile von Gamification zu verdeutlichen und abzuwägen, in welchen Branchen es sinnvoll ist diese einzusetzen. Anhand von verschiedenen Vorgehensmodellen zur Entwicklung von angewandten Spielformen und Gamification wird dem Leser deutlich gemacht, was eine gute Anwendung ausmacht und wie diese in der Praxis umgesetzt werden sollte. Es wird außerdem auf die verschiedenen Anforderungen solcher Anwendungen in der Industrie eingegangen.

Um die Forschungsfrage, was für einen Einfluss Gamification auf die Arbeitswelt und die Industrie 4.0 hat, zu beantworten wird auf Praxisbeispiele eingegangen und diese mit Hilfe einer *SWOT* Analyse ausgewertet. Außerdem wird auf ein Experteninterview Bezug genommen.

Gamification wird in der Industrie 4.0 in Zukunft einen großen Einfluss haben und die Prozesse in der Produktion verbessern. Es trägt zur Motivations- und Leistungssteigerung, sowie zur Verbesserung der Fehlerrate und des Ressourcenmanagements bei. Auch auf die Gesellschaft und auf die Arbeitswelt hat Gamification einen positiven Einfluss.

Dies zeigt, dass es sinnvoll ist Gamification in der Arbeitswelt, vor allem in der industriellen Produktion, einzusetzen. Davon profitieren sowohl die Mitarbeiter als auch die Unternehmen selbst. Außerdem kann Gamification zur Verbesserung, beziehungsweise Lösung von gesellschaftlichen Problemen beitragen, zum Beispiel im Gesundheitssektor oder zum Thema Nachhaltigkeit.

Inhaltsverzeichnis

Abbildungsverzeichnis

Tabellenverzeichnis

1 Einleitung

Spiele haben schon seit der Existenz der Menschheit einen großen Stellenwert und beeinflussen unsere Gesellschaft. Doch was für einen Stellenwert haben Spiele in unserer Arbeitswelt?

„Der Mensch ist nur da ganz Mensch, wo er spielt." (Schiller 1795: 88)

Die Industrie wird immer vernetzter und fortgeschrittener. Industrie 4.0 nennt sich die neue Ära, in der Maschinen und automatisierte Prozesse den Alltag dominieren. Finden Spiele auch einen festen Platz in der Welt der Roboter und ist es sinnvoll diese Aspekte zu kombinieren?

Außerdem gibt es zunehmend gesellschaftliche Probleme, wie zum Beispiel Umweltverschmutzung, Übergewichtigkeit, Krankheiten und Mangel an Bildung. Kann es sinnvoll sein, in diesen Bereichen gezielt auf spielerische Elemente zurückzugreifen, um die Menschen zu motivieren, die Situation zu verbessern?

In folgender wissenschaftlicher Arbeit wird auf die Entwicklung, den Nutzen und die Anwendung von Gamification eingegangen. Dazu dient die Auswertung eines Experteninterviews mit Frau B. (Octalysis Group) sowie die Analyse von Praxisbeispielen in der Industrie 4.0 mit Hilfe einer *SWOT* Analyse.

2 Der Begriff Gamification

Der Begriff Gamification, im Deutschen auch „Spielifizierung" genannt, ist noch sehr jung (Henke/Kaczmarek 2017: 12). Darunter versteht man die Verwendung von Spielelementen, die beispielsweise auch in Videospielen vorhanden sind, in einem nicht spielerischen Zusammenhang. Erstmals wurde der Begriff 2008 wahrgenommen und hat seinen Ursprung in den amerikanischen Medien. Erst im Jahr 2010 gewann der Begriff in Deutschland an Popularität, wie sich mit Hilfe von *Google Trends* nachvollziehen lässt. Das Prinzip von Gamification ist uns jedoch schon viel länger bekannt, insbesondere im Bereich Sport, Bildung und Kundenbindung. In Unternehmen kann Gamification beispielsweise zu Motivations- und Leistungssteigerung, zur Verringerung der Fehlerrate und zur Verbesserung der Anlernprozesse beitragen. Im Sport sind Spielelemente wie Punkte, Rankings, Abzeichen und Pokale essentiell und erzeugen eine Wettbewerbssituation.

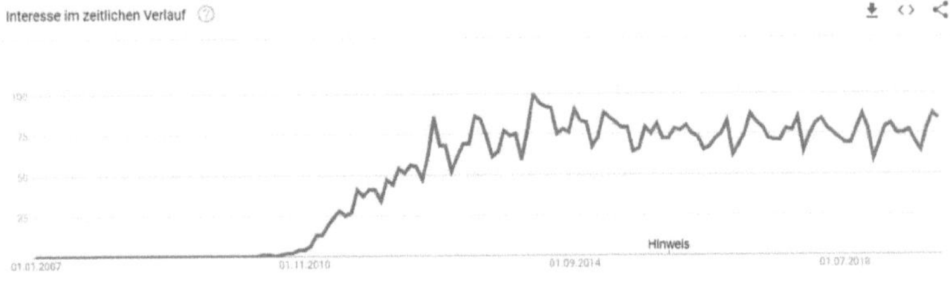

Abbildung 2.1 Google Trend des Suchwortes "Gamification" seit 2007. URL: https://trends.google.de/trends/explore?date=2007-01-01%202019-11-22&q=Gamification (22.11.2019)

2.1 Definition Spiel

Um Gamification definieren zu können, ist es zunächst erforderlich, das Spiel in seine wesentlichen Grundlagen zu definieren.

Es gibt unzählige Auffassungen von Wissenschaftlern was ein Spiel letztendlich zu einem Spiel macht. Eine Definition liefert der niederländische Kulturanthropologe Johan Huizinga und lautet wie folgt:

„Spiel ist eine freiwillige Handlung oder Beschäftigung, die innerhalb gewisser festgesetzter Grenzen von Zeit und Raum nach freiwillig angenommenen, aber unbedingt bindenden Regeln verrichtet wird, ihr Ziel in sich selber hat und begleitet wird von einem Gefühl der Spannung und Freude und einem Bewusstsein des ‚Andersseins' als das ‚gewöhnliche Leben'." (Huizinga 2013: 37)

Schell erfasst zunächst ein Spiel anhand von zehn Kernmerkmalen:

M1.   Spiele werden willentlich gespielt.

M2.   Spiele haben Zielsetzungen.

M3.   Spiele beinhalten ein Konflikt.

M4.   Spiele haben Regeln.

M5.   Spiele können gewonnen und verloren werden.

M6.   Spiele sind interaktiv.

M7.   Spiele stellen die Spieler vor eine Herausforderung.

M8.   Spiele können eine eigene Bedeutsamkeit generieren.

M9.   Spiele verwickeln die Spieler in das Geschehen.

M10. Spiele sind geschlossene, formale Systeme.

- Schell 2008: 87

Für Roger Caillois (Callais 2001: 12), ein französischer Soziologe und Philosoph, sind es folgende vier Eigenschaften, die ein Spiel ausmachen:

- Agon (Wettkampf)
- Alea (Zufall)
- Mimikry (Maske)
- Ilinx (Rausch)

Wie man sieht gibt es unterschiedliche Ansätze und Ansichten, ein Spiel zu definieren. Alle Ansätze haben ihre Richtigkeit und sind sowohl gesellschaftlich als auch wissenschaftlich vertretbar. Aus Sicht eines Game-Designers, der den Prozess vom Konzept bis hin zum fertigen Spiel kennt, machen diese Definitionen jedoch noch kein Spiel aus. Er kann aus diesen Definitionen kein Spiel machen, da sie die wichtigsten Eigenschaften eines Spiels nicht beachten. Die wichtigsten Eigenschaften eines Spiels sind aus moderner Perspektive die Spielelemente und Spielmechaniken.

2.1.1 Spielelemente

Schell definiert ein Spiel nicht nur anhand seiner offensichtlichen Merkmale wie in 1.1 beschrieben, sondern aufgrund der Kernelemente die ein Spiel ausmachen (Schell 2016: 93-97). Er teilt ein Spiel in vier wesentliche Grundelemente auf:

2.1.1.1 Mechaniken

Erst die Mechaniken machen ein Spiel zu einem Spiel. Sie geben im Grunde genommen die Abläufe, Regeln und die Zielsetzung vor. Sie geben dem Spieler einen Weg vor wie sie das Spiel zu beschreiten haben. Wenn uns in einem Videospiel die Mechaniken Laufen, Springen und Schießen gegeben werden, so muss das Spiel mit Hilfe dieser Mechaniken beendet werden. Bei Brettspielen, wie beispielsweise im Schach, liegen die Mechaniken in Form eines Regelwerks vor, das heißt: Läufer können sich nur diagonal bewegen, Bauern können sich ein beziehungsweise zwei Felder vorbewegen, und so weiter.

2.1.1.2 Story

Bei der Story handelt es sich um die Geschichte des Spiels, also in welcher Reihenfolge und aus welchem Grund gewisse Ereignisse in der Spielwelt eintreten. Die Story gibt dem Spieler eine Erklärung, warum er gewisse Sachen im Spiel macht und unterstützt die Mechaniken. Es gibt viele Formen wie eine Story erzählt werden kann: Klassisch durch einen Erzähler, durch Cutscenes[1] oder beispielsweise durch die Welt und Gegenstände in der Welt, wie es in dem Spiel „Dark Souls" sehr gut umgesetzt wird. Es folgt ein Beispiel, um den Unterschied zwischen Mechanik und Story deutlich zu machen:

Der Spieler muss von A nach B laufen und bei B die Gegner töten. → Mechanik

Der Spieler muss von A nach B laufen und bei B die Gegner töten, da Banditen die Prinzessin entführt und nun in Gewahrsam haben. → Story

---

[1] Cutscenes sind filmartige Zwischensequenzen in Videospielen, bei denen der Spieler keinen Einfluss auf das Geschehen hat

2.1.1.3 Ästhetik

Die Ästhetik umfasst das Aussehen, den Klang, den Geruch, den Geschmack und das Gefühl eines Spiels. Es ist also ein wichtiges Aushängeschild jedes Spiels und ein enorm wichtiger Aspekt, um Atmosphäre und Stimmung zu schaffen. Die Ästhetik sollte so gewählt werden, dass sie die anderen Elemente des Spiels unterstreicht und daraus ein schlüssiges und harmonisches Erlebnis wird.

2.1.1.4 Technologie

Unter Technologie versteht man nicht nur Hardware, die für ein digitales Spiel benötigt wird, sondern auch das Medium und die Interaktionsmaßnahmen, welche das Spiel ermöglichen. So sind zum Beispiel das Holzbrett beim Schach oder der Schläger beim Tennis aus Game-Design-Perspektive die Technologie, mit der das Spiel ausgeführt wird.

„Die Technologie ist das Medium, mit dem die Ästhetik transportiert wird und durch das die Mechaniken zur Geltung kommen sowie die Geschichte erzählt wird." (Schell 2016: 94)

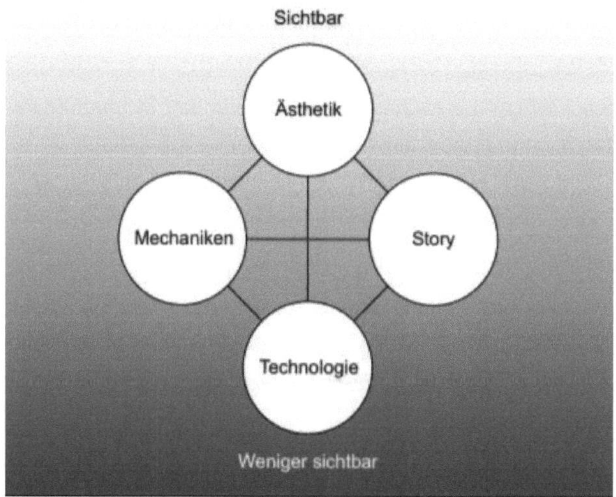

Abbildung 2.2 Die vier Grundelemente von Spielen (Schell 2016: 93)

Ein weiterer Ansatz ein Spiel in verschiedene Elemente aufzuteilen, liefert Hunicke mit dem *MDA-Modell* (Hunicke 2004). Das Modell umfasst die Elemente *Mechanics*, *Dynamics* und *Aesthetics*.

Das Modell berücksichtigt die Tatsache, dass der Designer das Spiel kreiert und der Spieler das Spiel konsumiert, beziehungsweise spielt. So entstehen zwei unterschiedliche Sichtweisen. Einerseits die Sicht des Entwicklers und anderseits die Sicht des Konsumenten.

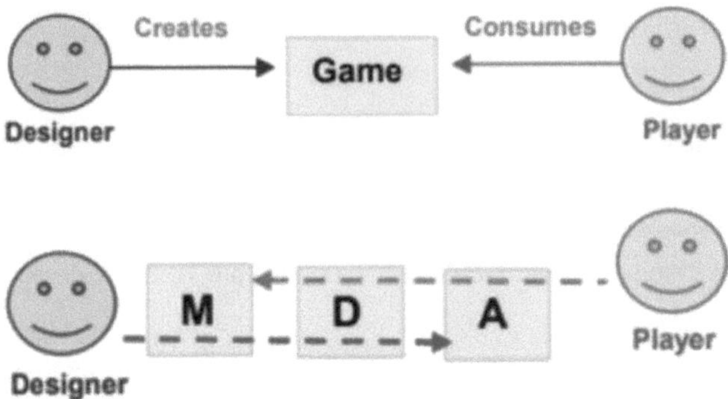

Abbildung 2.3 Das MDA-Modell berücksichtigt die Unterschiede zwischen Designer und Spieler. (Hunicke, 2004: 1-2)

Die *Mechaniken* beschreiben die Hauptkomponenten eines Spiels in Form von Daten und Algorithmen.

Die *Dynamiken* beschreiben die Aktionen, die sich aus den Mechaniken ergeben und der Spieler durch seine Inputs, beziehungsweise Outputs, auslöst.

Die *Ästhetik* beschreibt die erwünschte, emotionale Reaktion des Spielers, wenn dieser mit dem Spiel interagiert.

Das bedeutet, dass der Designer zunächst die Mechaniken in das Spiel implementiert, ohne zu wissen wie diese auf den Spieler wirken. Die Dynamiken und die Ästhetik ergeben sich erst aus den Mechaniken. Auf der anderen Seite, nimmt der Spieler die Ästhetik eines Spiels zuerst wahr, bevor er sich Gedanken über die Dynamiken oder Mechaniken macht.

Die Modelle von Schell und Hunicke unterscheiden sich in dem Aspekt, dass Hunicke die Sichtweise in Spieler und Designer unterteilt. Die Beschreibung der tatsächlichen Komponenten findet hier jedoch nur grob statt. Schell liefert eine detailliertere Beschreibung der einzelnen Komponenten, jedoch nur aus der Spielerperspektive.

2.1.2 Spielmechaniken

Wie schon in 1.1.1 beschrieben, stellen die Spielmechaniken den Kern jedes Spiels dar, denn ohne sie wäre ein Spiel unmöglich. Schell teilt die Spielmechaniken in sechs Hauptkategorien auf, die sowohl in digitalen als auch analogen Spielen vorkommen (Schell 2008: 130-169).

2.1.2.1 Raum

Jedes Spiel hat einen gewissen Raum, in dem es stattfindet. Schell bezeichnet es als den „magischen Kreis" in dem das Gameplay stattfindet. Er beschreibt drei Arten von Räumen in Spielen:

1. Diskrete oder kontinuierliche Räume

2. Räume mit mehreren Dimensionen

3. Begrenzte Räume, die miteinander verbunden oder getrennt voneinander sind

Von diskreten Räumen spricht man, wenn alle Punkte in diesem Raum isoliert sind, das heißt Räume, die in Felder unterteilt sind, wie zum Beispiel das Spiel „Tic-Tac-Toe" oder Schach. Kontinuierliche Räume haben die Eigenschaft, dass das Gameplay in einem zwar begrenzten Raum stattfindet, die Spieler und Objekte sich in diesem Raum jedoch frei bewegen können. Schell spricht außerdem von verschachtelten Räumen, die man beispielsweise von Rollenspielen kennt. Hierbei ist ein Gebiet in mehrere kleine unterteilt. Aber hat wirklich jedes Spiel einen Raum, in dem es stattfindet? Wie sieht es beispielsweise bei einem Quiz aus? Auch hierauf gibt uns Schell eine Antwort: Quizspiele haben natürlich kein Spielbrett und nichts bewegt sich, jedoch kann man sich das Geschehen in einer „Nulldimension" vorstellen, die aus drei Räumen besteht. Der erste Raum ist der Kopf des Fragenstellers, der zweite der Raum, in dem die Konversation stattfindet und der dritte Raum ist der Kopf des Beantworters. Somit findet ein Quiz in drei unterschiedlichen, abstrakten Räumen statt (Schell 2008: 130-135).

2.1.2.2 Objekte, Attribute und Zustände

Ohne Objekte wäre ein Raum nur ein leerer Raum ohne Bedeutung. Erst Charaktere, Gegner, Items, also alle Objekte, die man als Spieler in diesem Raum wahrnehmen kann, beleben den Raum. Jedes Spielobjekt besitzt außerdem ein oder mehrere Attribute. Das kann die Position im Raum, die Bewegungsart oder die Farbe sein, also jene Eigenschaften, die das Objekt als solches ausmachen. Ein Auto in einem Rennspiel hat beispielsweise die Attribute „Maximalgeschwindigkeit" und

„aktuelle Geschwindigkeit". Außerdem besitzt jedes Attribut einen Zustand. Dieser Zustand wäre zum Beispiel „150 km/h" als aktuelle Geschwindigkeit und „300 km/h" als Maximalgeschwindigkeit. Ein weiteres Beispiel beim Schach wäre: Der König ist ein Objekt. Ein Attribut des Königs ist, dass er sich in jede Richtung ein Feld weit bewegen kann. Der Zustand des Königs kann entweder „kann sich frei bewegen", „Schach" oder „Schachmatt" sein (Schell 2008: 136-140).

2.1.2.3 Aktionen

Aktionen sind Handlungen, die der Spieler in einem Spiel ausführen kann. Der Handlungsrahmen in einem Spiel ist festgelegt und ist begrenzt auf gewisse Aktionen. Dabei unterscheidet Schell zwischen operativen Aktionen, also den Aktionen, die ein Spieler ausführen kann, und resultierenden Aktionen, die sich aus den operativen Aktionen entwickeln und eine strategische Bedeutung für den Spielverlauf haben. Es folgt wieder ein Schach-Beispiel.

Operative Aktionen: Das Bewegen einer Figur, das Schlagen einer Figur und das Rochieren des Königs.

Resultierende Aktionen: Das Decken von Spielfiguren, der Aufbau eines starken Zentrums, das Beschützen des Königs und das Zusammenspiel der Türme.

Die operativen Aktionen sind also die Aktionen, die durch das Regelwerk beziehungsweise durch die Mechaniken gegeben werden. Die resultierenden Aktionen ergeben sich aus der Gesamtstrategie und aus dem Ziel des Spiels (Schell 2008: 140-144).

2.1.2.4 Regeln

Die Regeln geben vor wie das Spiel zu spielen ist. Durch Regeln werden also Aktionen, Objekte, Attribute, Zustände und der Raum festgelegt. Sie machen die Mechaniken erst möglich und geben dem Spiel ein Ziel (Schell 2008: 144-150).

2.1.2.5 Skill/Fähigkeiten des Spielers

Jedes Spiel verlangt ein gewisses Können, im Englischen „Skill", des Spielers ab. Schell kategorisiert diese Fähigkeiten in drei Hauptgruppen: Den physischen, mentalen und sozialen Fähigkeiten. Jedes Spiel legt den Fokus auf bestimmte Fähigkeiten, die der Spieler mitbringen muss, sei es physische Skills bei Sportarten, mentale Skills bei einem Quiz oder soziale Skills bei teamorientieren Spielen. Dabei sollte man Spiele jedoch nicht stur in eine der Kategorien einordnen, weil die meisten Spiele auch Aspekte aus anderen Kategorien mit sich bringen. Im Schach würde man annehmen, dass es nur auf die mentalen Fähigkeiten ankommt, jedoch braucht ein Spieler auch eine gewisse soziale Fähigkeit, um die Züge des Gegners zu interpretieren und sich in seine Lage hineinzuversetzen. Außerdem erfordert Schach eine lange und ausdauernde Konzentration der Spieler, was sich auf den physischen Skill zurückführen lässt (Schell 2008: 150-153).

2.1.2.6 Zufall/Wahrscheinlichkeiten

Zufall ist ebenfalls eine wichtige Mechanik in Spielen. Sie ist zwar nicht in jedem Spiel vorhanden, bereitet dem Spieler jedoch viel Spaß, wenn sie richtig eingesetzt wird. Das liegt daran, dass Zufälle unvorhersehbar sind und somit den Spieler überraschen. Dadurch entsteht eine gewisse Dynamik, die man beispielsweise aus Monopoly kennt. Auch in Rollenspielen ist die Zufallsmechanik der Item-Drops[2] sehr verbreitet. So weiß der Spieler nicht welche Gegenstände die Gegner fallenlassen und das erzeugt ein gewisses Suchtpotential beim Spieler. Aus Sicht eines Game-Designers ist das Einbauen dieser Zufallsmechanik jedoch eine große Herausforderung. Die Grenze zwischen abwechslungsreichem Feature oder nerviger und unfairer Spielmechanik ist sehr schmal. Richtig eingesetzt ist diese Mechanik jedoch eine große Bereicherung und verleiht einem Spiel den letzten Schliff (Schell 2008: 153-169).

Nach Hunicke umfassen die Mechaniken eines Spiels die Aktionen, Verhaltensweisen und Kontrollmechanismen, die dem Spieler in dem Kontext des Spiels gegeben werden (Hunicke 2004: 3-4). So sind die Mechaniken eines Kartenspiels Mischen, Austeilen, Karten legen, und so weiter. Die Mechaniken eines Shooters wären zum Beispiel Waffen, Munition und Spawning-Punkte.

Im Vergleich zu Schell, definiert Hunicke die Mechaniken eines Spiels als Komponenten die dem Spieler zur Verfügung stehen, also die Aktionen und Objekte. Schells Definition zu Spielmechaniken umfasst deutlich mehr Aspekte, wie beispielsweise die Regeln oder Wahrscheinlichkeiten.

---

[2] Das Fallenlassen von unvorhersehbaren Gegenständen mit zufälligen Werten in Videospielen

2.2 Definition Gamification

Nachdem die wesentlichen Grundzüge eines Spiels definiert wurden, gilt es Gamification zu definieren und von klassischen Spielen abzugrenzen.

Gamification besitzt die gleichen Merkmale, die ein Spiel hat und besteht somit auch aus Spielelementen und Spielmechaniken. Um Gamification von regulären Spielen zu differenzieren, muss das Umfeld von Gamification betrachtet werden.

„Gamification is the use of game design elements in non-game contexts"

- Deterding et al. 2011: 2

Gamification findet in einem nicht-spielerischen Kontext statt, also außerhalb eines festgelegten Spielrahmens und dient nicht als Selbstzweck. Außerdem verfolgt Gamification immer ein Ziel, sei es die Verbesserung von Arbeitsprozessen, Schulung von Mitarbeitern oder umweltpolitische Ziele.

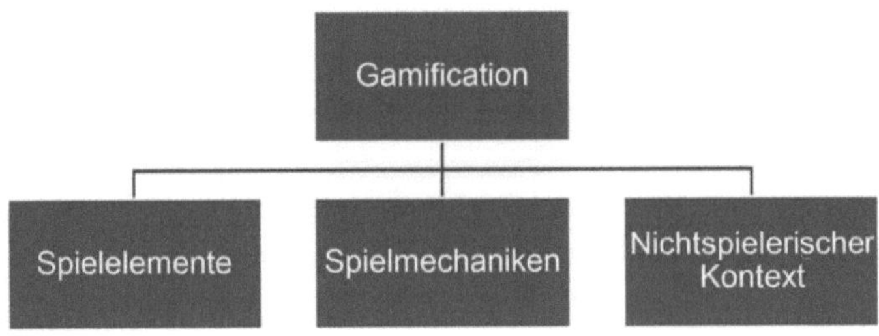

Abbildung 2.4 Hauptmerkmale von Gamification

2.2.1 Ludus vs. Paidia

Callais teilt Spiele neben den Kategorien Agon, Alea, Mimicry und Ilinx ebenfalls in Ludus und Paidia ein (Callais 2001: 13). Paidia ist mit dem englischen Begriff „Play" gleichzusetzen. Hier ist ein freies, unstrukturiertes Spiel gemeint bei dem kein konkretes Ziel vorgegeben ist (Henke/Kaczmarek 2017: 12-13). Ein Beispiel hierfür ist das Drachensteigen, das Werfen von Papierfliegern oder das simple Hin- und Herwerfen eines Balls. Unter Ludus, im Englischen „Game", versteht man ein Spiel mit festem Rahmen, also mit Spielregeln und einer festgelegten Handlung, die auf ein vorgegebenes Ziel ausgerichtet ist, wie beispielsweise Monopoly, Schach oder jegliche Art von sportlichem Wettkampf. Es ist erwähnenswert, dass im Gegensatz zum englischen Sprachgebrauch in der deutschen Sprache nicht zwischen Ludus und Paidia unterschieden wird. Es wird beides dem Begriff Spiel zugeordnet.

Gamification lässt sich dem Prinzip Ludus zuordnen, da es festgelegte Spielregeln gibt und vor allem, da die spielerische Handlung auf ein vorgegebenes Ziel ausgerichtet ist. Außerdem muss man Gamification-Anwendungen von Serious Games abgrenzen. Serious Games sind ebenfalls Spiele im Sinne von Ludus, bei denen der Fokus nicht auf Spielspaß liegt und zum Erlernen von Arbeitsprozessen und Weiterbildung genutzt werden. Serious Games werden vom Spieler jedoch bewusst ausgeführt und als ein Spiel wahrgenommen, während sich Gamification nur einzelner Komponenten und Elementen aus Spielen bedient (Deterding et al. 2011: 2).

Abbildung 2.5 Differenzierung und Zusammenhänge von Gamification & Serious Games (Ludus) und Playful Interaction (Paidia), (Deterding et al. 2011: 2)

2.3 Praxisbeispiele

Es folgen Praxisbeispiele von gelungenen Gamification Anwendungen aus dem Automotive Bereich (Lindemann 2019b), Sportbereich und Projektmanagment.

2.3.1 Hyundai – The Walking Dead Chop Shop

Hyundai veröffentlichte im Jahr 2013 die Walking Dead Chop Shop App angelehnt an die gleichnamige Serie. In der App kann man sein virtuelles Auto mit jeglichen Items zur Verteidigung gegen eine bevorstehende Zombieapokalypse ausstatten, seien es Spikes an den Rädern oder einem Maschinengewehr auf dem Dach. Durch Aktivitäten in Social Media konnten die Teilnehmer neue Items freischalten, um ihr virtuelles Auto zu tunen. Außerdem gab es einen Contest, bei dem man sein Auto einsenden konnte. Man hatte die Chance, Tickets für die New York Comic Con zu gewinnen und dass Hyundai das virtuelle Auto in echt nachbaut.

Abbildung 2.6 The Walking Dead Chop Shop App von Hyundai. URL: https://www.skybound.com/comics/the-walking-dead/hyundai-chop-shop (21.12.2019)

2.3.2 Loyalitätsprogramm BONEO – Porsche Austria

Die Smartphone App BONEO, welche von der Octalysis Group entwickelt wurde, verbindet viele Gameplay-Elemente und bringt Gamification auf ein neues Level. In der App kann man seinen eigenen Avatar, den sogenannten „Carvatar" gestalten und upgraden. Es können neue Items, wie beispielsweise Reifen oder Spoiler, gekauft und ausgerüstet werden.

Außerdem gibt es ein Experience Points und Award Points-System, das stark an Rollenspiele erinnert. Auch Beutekisten, die sogenannten Lootboxes, kann man sammeln und so einzigartige Items für sein Carvatar gewinnen. Diese Beutekisten werden auf der Karte angezeigt und können vom Spieler eingesammelt werden, wenn sich dieser zu der Location begibt. Mit den Territorialkämpfen bietet BONEO auch ein PVP-Element[3]. Bei dieser Challenge fährt man in einem gewissen Gebiet auf der Karte länger als andere User der App und bekommt so das Gebiet zugesprochen. Das Gebiet kann jeder User sehen und natürlich streitig machen. Außerdem hat man die Möglichkeit, mit anderen BONEO Usern zu chatten, wenn sich diese in der Nähe befinden. Die Belohnungen, die man über das Award System freischalten kann, sind beispielsweise eine professionelle Autoreinigung für das eigene Fahrzeug oder einen Tag lang mit einem Komfort-Auto der Volkswagen Group in Wien zu fahren zu dürfen.

Die Anwendung verknüpft Elemente aus *Location Based Games*, wie Pokémon Go, und klassischen Rollenspielen.

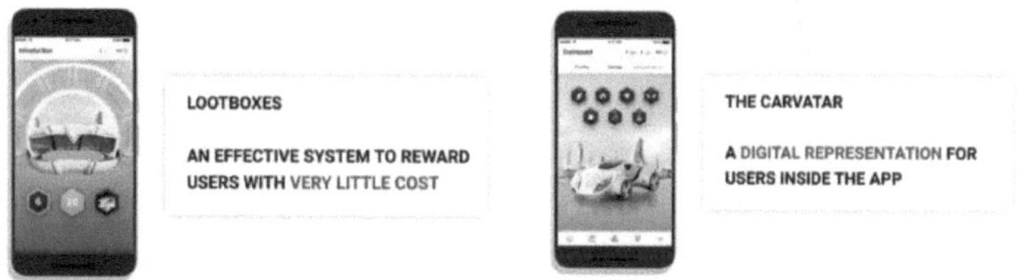

Abbildung 2.7 Lootboxes und Carvatar, Spielelemente der BONEO App. URL: https://octalysisgroup.com/de/2019/02/how-octalysis-revolutionised-the-volkswagen-group-loyalty-program/ (21.12.2019)

---

[3] Player vs. Player, Multiplayerherausforderung gegen menschliche Spieler

2.3.3 Nike+

Nike+ ist eine Applikation, die den User für sportliche Aktivitäten belohnt. Wenn dieser zum Beispiel eine gewisse Anzahl an Liegestützen schafft oder eine bestimmte Strecke joggt, wird er mit einem Abzeichen belohnt. Außerdem können Herausforderungen unter Freunden erstellt werden, wie zum Beispiel „Wer läuft 100 Kilometer in zehn Tagen?". Die Erfolge können dann über Social Media Seiten geteilt werden (mtp 2018).

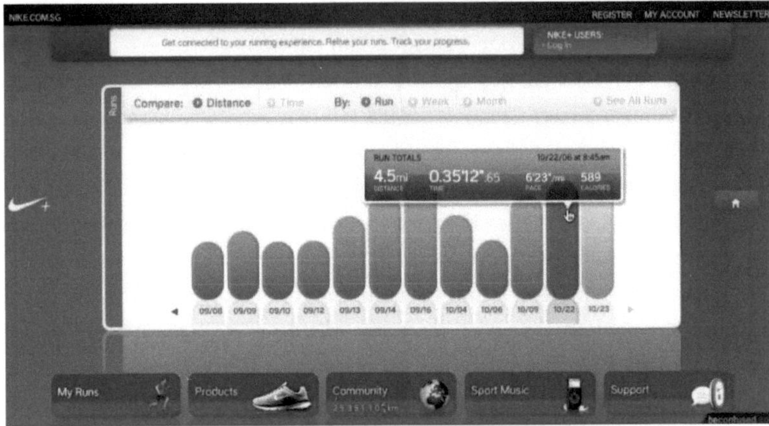

Abbildung 2.8 Nike+ App. URL: https://medium.com/@philippbloch/5-beispiele-f%C3%BCr-gelungene-gamification-92204515345 (21.12.2019)

2.3.4 Trello

Trello ist ein To-Do-Listen-Programm, bei dem wichtige Mile Stones eines Gruppenprojekts festgehalten werden können. Dabei sieht man anhand der Farbe, ob eine Aufgabe erledigt, in Bearbeitung oder noch offen ist. Dadurch, dass die erledigten Aufgaben in grüner Farbe herausstechen und nicht einfach verschwinden, hat man ein gewisses Erfolgserlebnis nach jeder bearbeiteten Aufgabe und schon bald wünscht man sich, dass das ganze Trello Board grün ist. Somit kommt man schneller bei Projekten voran und es ist motivierender, als die erledigten Aufgaben einfach nur durchzustreichen (Bloch 2016).

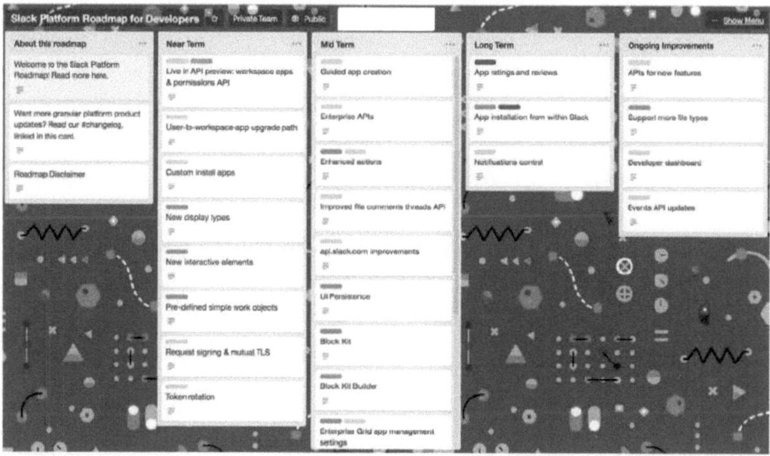

Abbildung 2.9 Trello bietet den Usern eine motivierende To-Do-Listen Applikation. URL: https://blog.trello.com/powerful-public-trello-boards (21.12.2019)

2.4 Zusammenfassung

Es gibt viele unterschiedliche Ansätze, ein Spiel zu definieren. Die zutreffendste Definition ist jedoch, dass jedes Spiel aus charakteristischen Spielelementen und Spielmechaniken besteht. Außerdem kann man Spiele in zwei Kategorien, nämlich *Ludus* und *Paidia*, aufteilen.

Gamification entspricht dem Konzept *Ludus* und besteht ebenfalls aus Spielelementen und Mechaniken. Gamification grenzt sich von klassischen Spielen nur durch den nichtspielerischen Kontext ab. Das Spiel geschieht also nicht in einem uns bewussten Rahmen, wodurch es nicht als solches wahrgenommen wird und hat immer ein Ziel außerhalb des spielerischen Kontexts.

Gamification zielt immer auf die Motivationssteigerung des Users ab. Die Praxis-beispiele zeigen, dass der Anwendungsbereich von Gamification breit gefächert ist. Somit sind im ersten Kapitel alle Begrifflichkeiten zu Spielen und Gamification geklärt.

3 Entwicklung von Gamification

In diesem Kapitel dreht sich alles rund um die Entwicklung von Gamification und die Merkmale einer guten Gamification-Anwendung. Bevor auf verschiedene Vorgehensmodelle zur Entwicklung von Gamification Anwendungen eingegangen wird, ist es wichtig die Ziele von Gamification zu definieren.

3.1 Ziele von Gamification

Es gibt viele Ziele, die man mit Gamification anstrebt. Die häufigsten sind: Motivationssteigerung der User, Prozessverbesserungen in der Industrie und Kundenbindung. Lindemann (Lindemann 2019a) kategorisiert Gamification in zwei Hauptgruppen, der impliziten und der expliziten Gamification: Unter expliziter Gamification versteht man Anwendungen, die offensichtlich spielerisch sind und deutlich auf das Spaßempfinden des Nutzers ausgelegt sind. Implizite Gamification ist im Gegensatz dazu weniger offensichtlich, nutzt aber trotzdem die gleichen Prinzipien, um Menschen zu motivieren.

Um die Ziele von Gamification besser zu verstehen, muss man den Menschen aus psychologischer Sicht betrachten. Was bewegt uns und was motiviert uns? Dabei unterscheidet die Wissenschaft zwischen extrinsischer und intrinsischer Motivation. Intrinsische Motivation wird durch Kreativität, Selbstverwirklichung und soziale Dynamiken angeregt, während extrinsische Motivation geprägt ist durch Logik, analytischem Denken und Besitztum (Chou 2014: 28-30). B. erläutert den Unterschied an einem anschaulichen Beispiel: Ein Künstler malt zunächst Bilder aus Leidenschaft, was auf die intrinsische Motivation zurückzuführen ist. Als Leute sein Talent bemerken, fangen sie an ihn zu bezahlen, damit er für sie Bilder malt. Das fördert die extrinsische Motivation des Künstlers und er malt nun nicht mehr aus Überzeugung, sondern nur noch wegen des Geldes.

Menschen zu motivieren, egal ob durch extrinsische oder intrinsische Motivation, ist also das Hauptziel von Gamification. Es reicht nicht aus, einer Anwendung Spielelemente wie Punkte, Abzeichen oder Bestenlisten, den sogenannten PBL's[4], hinzuzufügen und dann als Gamification abzustempeln (Chou 2014: 17-20). Diese Spielelemente sind zwar Charakteristiken von Gamification, machen im Zweifelsfall aber aus einer schlechten Anwendung noch lange keine gute Anwendung. Wenn man Spieler fragt, warum Sie ein Spiel besonders mögen, wird niemand antworten:

---

[4]   Points, Badges and Leaderboards (Punkte, Abzeichen und Ranglisten)

„Weil es ein Punktesystem hat" oder „Weil es ein Interface hat." Man spielt Spiele wegen des Spielerlebnisses, der Herausforderung, den Emotionen, die man während des Kampfes mit einem Endgegner hat oder weil man mit Freunden und Familie zusammenspielen kann.

3.1.1 Gamification Framework von Yu-kai Chou

Was Spieler nun wirklich motiviert zu spielen, stellt Chou in seinem Gamification Framework dar. Es ist unterteilt in acht Hauptgruppen, die die Motivationsgründe darstellen, warum Menschen Spiele spielen.

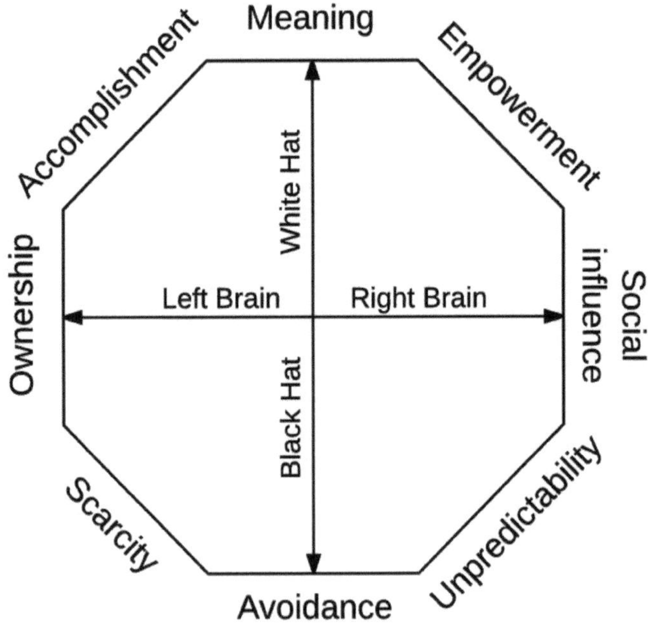

Abbildung 3.1 Gamification Framework von Yu-kai Chou. URL: https://www.researchgate.net/figure/The-Octalysis-Framework-4_fig1_323096377 (13.12.2019)

Chou trifft zwei Einteilungen. Zunächst die Einteilung „Left Brain vs. Right Brain", also extrinsische Motivation vs. intrinsische Motivation und „White Hat vs. Black Hat". Damit meint er, dass die oberen Motivationen positiv anzusiedeln sind, während die unteren Motivationen eher einen negativen Aspekt haben. Um das zu verdeutlichen, folgt eine kurze Beschreibung der Core Drives (Chou 2014: 25-28):

Meaning: Der Spieler fühlt sich wichtig in der Spielwelt. Er steht im Mittelpunkt und hat eine bedeutsame Aufgabe. Er denkt, er vollbringt etwas Großes oder dass er der „Auserwählte" ist.

Development/Accomplishment: Dieser Punkt beschreibt die Motivation, Fortschritt zu machen, Fähigkeiten im Spiel zu entwickeln, also besser zu werden und schwierige Passagen, wie Bosskämpfe, zu meistern. Die Herausforderung ist hierbei wichtig, denn alleine durch Punkte oder Abzeichen ist das Erlebnis bedeutungslos und nicht befriedigend für den Spieler.

Empowerment of Creativity: Die Förderung der Kreativität der Spieler ist wichtig. Sie sollen stets neue Sachen und Kombinationen ausprobieren. Die Spieler sollten nicht nur Möglichkeiten haben, ihre Kreativität auszuleben, sondern auch ein Feedback bekommen, für das was sie gemacht haben.

Ownership/Possession: Das Gefühl etwas in seinem Besitz zu haben, sei es Gegenstände oder Geld, veranlasst den Spieler diese Sachen noch weiter auszubauen oder zu verbessern. Dieses Gefühl von Besitztum ist tief in uns Menschen verankert als der „Jäger und Sammler-Trieb". Dieses Phänomen macht sich gerne in Rollenspielen wie World of Warcraft zu Nutze, um die Spieler zu motivieren immer neue und bessere Gegenstände zu sammeln.

Social Influence/Relatedness: Soziale Einflüsse wie in einem Team zusammenzuspielen, Kameradschaft, soziale Akzeptanz und gegeneinander zu spielen und sich mit anderen zu messen, motivieren Spieler. Außerdem fühlt man sich zu Spielen hingezogen, mit denen man sich identifizieren kann, beispielsweise bei Spielen die man mit Geschwistern oder Freunden als Kind gespielt hat.

Scarcity/Impatience: Die Menschen wollen immer das haben, was sie am wenigsten haben können. Das ist in uns Menschen tief verankert und auch in Spielen funktioniert das Konzept hervorragend. Seien es seltene Gegenstände, wie beispielweise legendäre Items in „Diablo" oder „Borderlands" oder Platintrophäen bei Playstation Network.

Unpredictability/Curiosity: Die Ungewissheit der Zukunft ist für uns Menschen sehr attraktiv. Der Spieler weiß nicht, wohin ihn seine Reise führen wird oder was für Auswirkungen sein Handeln auf den späteren Spielverlauf und auf die Story hat. Auch sogenannte Easter Eggs[5] zaubern jedem Spieler ein Lächeln auf die Lippen.

Avoidance/Loss: Eigentlich jedes Spiel bestraft den Spieler, falls dieser stirbt oder eine Aufgabe nicht schafft. Das geschieht häufig durch Verlust von Punkten oder Geld. Dieses Element ist für ein Spiel sehr wichtig, denn ohne dieses Gameplay-Element sieht der Spieler keinen Sinn, weiterzuspielen und sich anzustrengen. Nach dem Motto: Wenn es sowieso keine Konsequenzen gibt, wenn ich mich nicht anstrenge oder sterbe, warum strenge ich mich dann überhaupt an? Je nach Spiel fällt die Bestrafung unterschiedlich intensiv aus. Bei Kinder- oder Lernspielen fällt die Bestrafung meist eher moderat aus, um den Frustrationsgrad zu senken. Einige Spiele bestrafen den Spieler jedoch erbarmungslos, wie beispielsweise das von Gamern gepriesene Spiel „Dark Souls".

3.2 Spielertypen nach Bartle

Es ist ebenfalls wichtig eine Charakterisierung von verschiedenen Spielertypen vorzunehmen. Es gibt verschiedene Ansätze, diese zu kategorisieren. Eine bekannte Auffassung ist die von Bartle.

Bartle differenziert zwischen vier Spielertypen. Diese teilten sich seiner Meinung nach in folgende Gruppen auf: *Killers*, *Achievers*, *Socializers* und *Explorers*. Jeder Spielertyp hat charakteristische Merkmale und eigene Beweggründe, warum er spielt und warum ihm das Spielen Spaß macht (Bartle 1996: 6-7).

---

[5] Unvorhersehbare, meist aus dem spielerischen Kontext gerissene Überraschungen, mit denen der Spieler nicht rechnet.

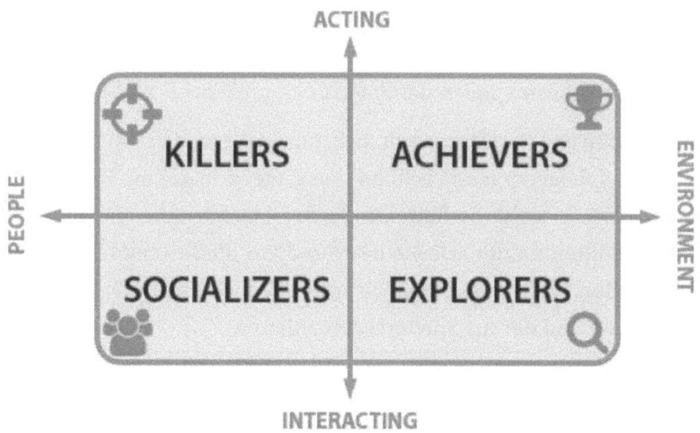

Abbildung 3.2 Bartle'sche Spielertypen. URL: https://digitalfit.de/spielertypen/ (22.11.2019)

Killer sehen den Spaß im Spiel in der Dominanz, die sie gegenüber anderen Spielern ausüben. Sie stehen im ständigen Wettkampf mit ihren Konkurrenten und möchten ihr Können unter Beweis stellen, in dem sie ihre Gegner ständig töten oder einen besseren Score erzielen als ihre Mitspieler. Außerdem scheuen Sie nicht vor täglichem, stundenlangen Training zurück, um sich so von der Konkurrenz abzuheben. Ein weiteres charakteristisches Merkmal für den Killer ist, dass er nur wenige Spiele, meist sogar nur ein einziges Spiel spielt, dieses aber sehr intensiv und professionell.

Achiever streben nach Anerkennung und wollen das Spiel schnell und vollständig lösen. Sie möchten möglichst viele Punkte sammeln, und da Ihnen das bloße Durchspielen eines Spiels meist nicht reicht, stellen sie sich selber Herausforderungen, beispielsweise durch Handicaps oder indem sie das Spiel in möglichst kurzer Zeit beenden. Das Ziel von sogenannten *Speedrunnern* ist es beispielsweise, so schnell wie möglich bis zum Endscreen des Spiels zu kommen.

Socializer priorisieren nicht den Fortschritt im Spiel oder wie gut sie darin sind, sondern spielen einfach gerne mit Freunden oder Familie. Sie spielen daher eher Multiplayer[6]-Spiele und spielen meist nur dann, wenn ihre Freunde mitspielen.

---

[6]   Spiel mit mehreren Spielern, entweder Online oder im Coop Modus mit Splitscreen

Explorer möchten jeden Winkel der Spielwelt erforschen und jeden Nebenquest erfüllen. Für sie ist ein Spiel erst dann durchgespielt, wenn sie alles gesehen und erlebt haben. Explorer spielen daher gerne Open-World[7] und Rollenspiele.

Die Spielertypen von Bartle sind nützlich, um eine grobe Vorstellung zu bekommen, mit welchem Spielertyp man rechnen muss, wenn man eine Gamification Anwendung entwickelt. B. sieht die Einteilung jedoch kritisch. Bei der Entwicklung einer Anwendung sollten immer wieder neue und vor allem spezifischere Spielertypen definiert werden. Man sollte die Zielgruppe, die man ansprechen will, zunächst genau analysieren und daraus Spielertypen ableiten.

3.3 Vorgehensmodelle

Die Idee, Spielelemente aus digitalen Spielen in den Organisationskontext zu transferieren, ist schon seit den 1970er Jahren bekannt, wurde jedoch nicht umgesetzt oder weiterverfolgt. Erst ab den 2000er Jahren kann man von einer erwähnenswerten Verbreitung von angewandten Spielformen sprechen (Henke/Kaczmarek 2017: 112). Da nicht alle Genres von digitalen Spielen für die Praxis in der Logistik brauchbare Elemente und Mechaniken beinhalten, benutzt Schmidt et al. den Begriff „Angewandte Spiele". Serious Games und Gamification zählen unter anderem auch zu diesen angewandten Spielformen (Schmidt et al. 2015b).

Wie man ein funktionales und erfolgreiches Gamification-Konzept erstellt, das aus der Praxisperspektive sinnvoll ist, und welche Faktoren man dabei beachten sollte, wird sehr gut in dem sechsstufigen Vorgehensmodell für angewandte Spielformen (Schmidt et al. 2015a) dargestellt.

3.3.1 Vorgehensmodell für angewandte Spielformen

Das Vorgehensmodell für angewandte Spielformen (Schmidt et al. 2015a: 4-8) besteht aus insgesamt sechs aufeinander bauenden Phasen, bei der jede Phase ein Meilenstein für den Projektverlauf symbolisiert. Die Besonderheit bei diesem Vorgehensmodell liegt bei den wechselnden Verantwortlichkeiten für die jeweiligen Phasen, die von verschiedenen Abteilungen geleitet werden. Die Abteilung „Business" besteht aus Vertretern und Entscheidern der Organisation. Sie sind an der strategischen Zielsetzung des Projekts beteiligt. Die Abteilung „Konzept" besteht

---

[7]   Spiele, in denen man sich frei in der Spielwelt bewegen kann und dadurch einen großen Einfluss auf den Verlauf des Spiels und die Story hat

aus Experten angewandter Spielformen, wie Serious Games oder Gamification. Die Gruppe „Domäne" besteht unter anderem aus Benutzern und Prozessdesigner, während die Gruppe „Gewerke" die Disziplin der Medienproduktion und Medientechnik umfasst (Schmidt et al. 2015a: 4).

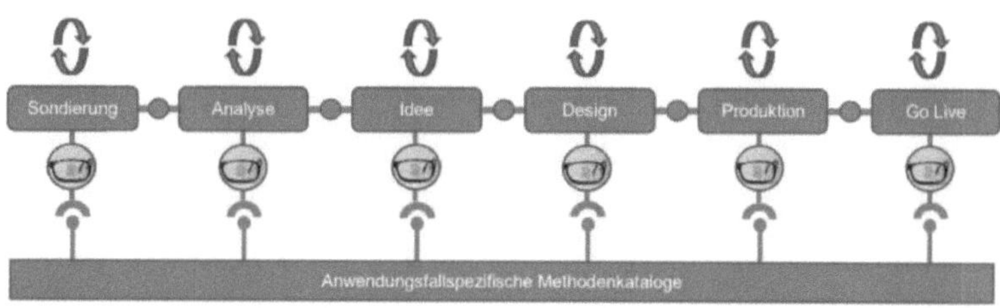

Abbildung 3.3 Übersicht des 6-Phasen Modells (Schmidt et al. 2015a: 4)

3.3.1.1 Explorationsphase

In der Explorationsphase wird über den Projektgegenstand diskutiert und die Zusammenarbeit der jeweiligen Abteilungen festgelegt. Die beteiligten Abteilungen in dieser Phase sind *Business* und *Konzept*, wobei *Konzept* die führende Rolle übernimmt. Es wird eine grobe Zielsetzung des Projekts definiert, wobei die Konzeptgruppe Informationen aufnimmt, Ziele hinterfragt und mögliche Vor- und Nachteile evaluiert. Als Outcome der Phase wird ein sogenanntes Vision Statement verfasst, das die wichtigsten Projektpunkte übersichtlich darstellt.

3.3.1.2 Analysephase

An der Analysephase sind ebenfalls die Gruppen *Konzept* und *Business* beteiligt. Sie umfasst eine gründliche Planung und Auswahl der Analysemethoden (Henke/Kaczmarek 2017: 117). Darunter zählen Beobachtungen und Befragungsmethoden bei, denen beispielsweise Spielertypen und Nutzerbedürfnisse ermittelt werden. Die Phase endet mit der Aufbereitung und Präsentation der Informationen.

3.3.1.3 Ideenphase

Die formulierten Ziele aus der Analysephase werden nochmals reflektiert und angepasst. Hierbei liegt der Fokus auf den Bedürfnissen der Nutzer. In dieser Phase arbeitet die Gruppe *Konzept* mit den Gruppen *Business* und *Domäne* zusammen. Im Projekt Playful Interaction Concepts ist auch das Spielen von Videospielen ein wichtiger Bestandteil der Ideenphase, um so Kompetenzen und Anregungen zu erlangen. Wird also beispielsweise ein Gamification-Konzept, das sich Rollenspielelemente zu Nutze macht, erarbeitet, holt man sich Inspiration aus dem Rollenspielgenre. Hierbei wird eine spielerische Grundhaltung eingenommen, um einen Prototypen für den Anwendungsfall zu entwickeln. Diese Methode nennt man Game-Thinking (Henke/Kaczmarek 2017: 117).

3.3.1.4 Designphase

Die beteiligten Abteilungen in dieser Phase sind: *Konzept, Gewerke* und *Domäne.*

In der Designphase werden die Informationen der Analysephase, Informationen zur technischen Umgebung und Gestaltungsrichtlinien genutzt, um ein sogenanntes Designkartendeck zu erstellen. Das Designkartendeck beinhaltet Karten, welche die wesentlichen Erlebnisqualitäten der Anwendung, also Handlungen und Erlebnisse im Spiel beschreiben. Auf jeder Karte befindet sich ein Überbegriff, wie zum Beispiel *Informiertheit, Autonomie* und *Kompetenz,* sowie eine kurze Beschreibung wie und warum folgender Stichpunkt umgesetzt werden sollte. Außerdem werden dann Vokabeln mit dem jeweiligen Begriff aufgeschrieben.

<u>Beispiel: Autonomie</u>

„Ich habe Freiräume in meinen Entscheidungen und kann aus einem relevanten Möglichkeitsraum heraus meine nächste Handlung planen und ausführen."

Vokabeln: Freiraum, Option, Möglichkeit, entscheiden, abwägen, ausloten, ausprobieren, verändern, erkennen

Mit dem Erstellen eines Lasten- und Pflichtenhefts, eines interaktiven Prototyps, Visual Mockups, sowie von technischen und fallspezifischen Informationen wird das Ende der Designphase eingeleitet (Henke/Kaczmarek 2017: 123).

3.3.1.5 Produktionsphase

Die beteiligten Gruppen der Produktionsphase sind *Gewerke, Konzept* und *Domäne.*

In dieser Phase gilt es, das Designkonzept mit Hilfe von agilen Entwicklungsprozessen umzusetzen.

3.3.1.6 Evaluationsphase

In der Evaluationsphase wird die Anwendung eingeführt und auf dem Markt getestet.

3.3.2 Vorgehensmodell der Octalysis Group

B. schildert ebenfalls ein Vorgehensmodell für die Entwicklung von Gamification Anwendungen. Das Modell der Octalysis Group setzt sich aus insgesamt fünf Phasen zusammen.

3.3.2.1 Strategy Dashboard

Der erste Schritt ist die Erstellung eines sogenannten *Strategy Dashboards*. Dieses definiert die Ziele der Gamification Anwendung. Die Fragen, die man sich während des Prozesses stellt, sind folgende:

- Warum verwende ich in diesem Fall Gamification?
- Welche Vorteile ergeben sich dadurch für den Kunden?
- Welche Spielertypen werden die Anwendung nutzen?
- Welche Aktionen sollen die Spieler ausführen?
- Was will der Kunde mit der Gamification Anwendung erreichen?
- Was sind die Feedback Mechanics, also welche Trigger lösen gewisse Aktionen aus?

Zunächst einmal ist es natürlich wichtig zu hinterfragen, warum eine Gamification-Anwendung von Nutzen sein kann, welche Vorteile sich daraus für den Kunden ergeben und was er damit erreichen will. Außerdem ist eine genaue Definition der Spielertypen notwendig. Hierbei orientiert man sich nicht an den Modellen von Bartle und anderen Wissenschaftlern, sondern definiert individuelle Spielertypen, basierend auf den Informationen des Kunden und gegebenenfalls eigener Recherche. Anschließend gilt es festzulegen, welche Aktionen, die sogenannten *desired Actions*, der Spieler in der Anwendung ausführen soll und welche Trigger die gewünschten Aktionen auslösen. B. spricht hierbei von *Feeback Mechanics*. Die *desired Actions*, die der Spieler durchläuft, sollen letztendlich zum Geschäftsziel, der sogenannten *Business Metric*, führen. Oftmals ist es schwierig, ein absolutes Geschäftsziel festzulegen. Dann ist es wichtig, die Ziele hierarchisch abzuwägen und in *Tiers* einzuteilen.

3.3.2.2 Feature Brainstorming

Im zweiten Schritt wird über die möglichen Funktionen der Anwendung nachgedacht. Dabei ist es wichtig, dass jede Funktion einer der in *Kapitel 2.1.2* angesprochenen Core Drives stimuliert. Ohne die Stimulierung der Core Drives findet keine Motivation beim Spieler statt und die Anwendung wird aus spielerischer Sicht langweilig. Daher sollten so viele Core Drives wie möglich angesprochen werden. Das Strategy Board wird dabei immer miteinbezogen und dient als Grundlage für den gesamten Prozess der Entwicklung. Die zweite Phase wird nochmals in vier Phasen eingeteilt:

1. Discovery: In der Discovery Phase geht es um den ersten Kontakt des Users mit der Anwendung, das heißt wie wird er überhaupt auf die Anwendung aufmerksam und auf welchem Weg geschieht das.

2. Onboard: In der Onboard Phase geht es darum, den User mit der Anwendung vertraut zu machen und ihn in das Erlebnis hineinzuführen.

3. Scaffolding: Die Scaffolding Phase dreht sich um den *Activity Loop*, beziehungsweise den *Game Loop*, also um die Aktionen die der Spieler immer wieder ausführt. Das ist sozusagen der Kern der spielerischen Handlung.

4. Endgame: In der Endgame Phase wird geschaut, wie man den Spieler längerfristig mit der Anwendung beschäftigen und ihn als treuen Kunden behalten kann. Hierbei geht es darum, ein langhaltiges Erlebnis zu schaffen.

3.3.2.3 PE-Feature Liste

In der dritten Phase wird eine PE (PowerEase)-Feature Liste erstellt. Dabei werden die Features des Brainstormings aus Phase 2 gewichtet. Es wird danach geschaut welche Features die motivierendsten sind und welche am einfachsten umzusetzen sind. Da man im Brainstorming teilweise mehrere hundert Features festhält, gilt es nun mit dem Developing und Marketing Team abzuwägen, welche letztendlich in die Anwendung übernommen werden sollen. Aus diesen ausgewählten Features wird ein *Activity Loop* erstellt. Hierbei wird das Strategy Dashboard wieder miteinbezogen und darauf geachtet, dass das Ziel der Anwendung immer noch erfüllt wird.

3.3.2.4 Battle Plan

Während B. das Strategy Dashboard als Herzstück des Entstehungsprozesses sieht, so ist der Battle Plan das Gehirn. Der Battle Plan beinhaltet alle wichtigen Informationen für die Entwickler, also das gesamte *Back-End*. Dies beinhaltet beispielsweise die Logik, den Activity Loop und das Leveldesign.

3.3.2.5 Wireframes/Storyboards

Mit Hilfe von Wireframes werden Prototypen erstellt, welche von den UI[8] Designer benutzt werden, um die fertige Anwendung zu erstellen. Die Octalysis Group übernimmt die Rolle des Art Directors und kümmert sich um das UI-Design, sowie das Projektmanagement und außerdem geben sie Feedback nach der Integrierung. Dieser Prozess kann sich über Monate oder auch Jahre hinziehen.

3.4 Zusammenfassung

Dieses Kapitel hat verdeutlicht, dass Motivationserzeugung der Kern der Entwicklung von Gamification Anwendungen ist. Es geht nicht darum, möglichst viele Spielelemente wie Punkte oder Abzeichen, in seine Anwendung zu integrieren, sondern ein ausbalanciertes Spielerlebnis zu erschaffen, das die User motiviert. Chou (Chou 2014) legt mit seinem Gamification Framework den Grundstein für die Entwicklung von Gamification-Anwendungen.

Außerdem ist die Übertragung von Spielmechaniken aus digitalen Spielen in eine angewandte Spielform mit Vorsicht zu genießen, da die beiden Formen unterschiedliche Zielsetzungen haben. Während bei klassischen Spielen der Spaß und der mit Hindernissen gesäte Spielverlauf im Vordergrund steht, um dem Spieler eine Herausforderung zu bieten, sollte bei angewandten Spielformen in der Industrie, wie Serious Games und Gamification, die Motivationssteigerung, Verbesserung des Workflows und Fehlervermeidung im Vordergrund stehen.

Das Vorgehensmodell der Octalysis Group zeigt, wie wichtig der Motivationsaspekt und die Features sind, die den *Activity Loop* bilden und dadurch ein ausgereiftes Spielerlebnis geschaffen wird.

---

[8] User Interface = Benutzeroberfläche

4 Gamification in der Industrie 4.0

In diesem Kapitel geht es um den Einsatz von Gamification in der Industrie 4.0. Wie kann Gamification in der Industrie 4.0 eingesetzt werden und die Effizienz in der Produktion erhöht werden? Wie beeinflusst Gamification in der industriellen Fertigung und Logistik die User und ihre Aktivitäten sowie Bedürfnisse?

4.1 Definition Industrie 4.0

Unter Industrie 4.0 versteht man die Revolution der modernen Industrie. Nachdem die Menschheit die ersten drei industriellen Revolutionen der Mechanisierung, der Automatisierung und der Digitalisierung durchlaufen hat, befindet sie sich im Wandel zu einer neuen, vierten industriellen Revolution, der sogenannten Industrie 4.0. Diese ist gekennzeichnet durch eine zunehmende Digitalisierung, Vernetzung von Produkten und Menschen, Wertschöpfungsketten und Geschäftsmodellen. In der Produktion sind Maschinen, Produkte und Menschen miteinander vernetzt und arbeiten effektiver zusammen als zuvor. Die digitale Vernetzung von Kunden, Produzenten und Lieferanten werden völlig neue Prozesse hervorbringen. Außerdem werden sich durch überall verfügbare Rechnerleistung (*Cloud*) und große Datenbankkapazitäten (*Big Data*) neue Geschäftsfelder bilden. Auch der Einsatz von Robotern und cyber-physischen Produkten spielt eine große Rolle in der Industrie 4.0 (Hompel et al. 2017: VII).

4.2 Die Rolle von Gamification in der Industrie 4.0

Nun stellt sich die Frage wie die Industrie 4.0 sich Gebrauch von Gamification macht und die Effizienz der Interaktion zwischen Mensch und Maschine steigert und wie man Gamification sinnvoll einsetzt um die Motivation, Leistung und Effizienz der Mitarbeiter zu steigern.

Ein Problem, dass mit der Industrie 4.0 einhergeht, ist die Gewissheit der Menschen, dass Sie das Gefühl haben von Prozessen ausgeschlossen zu sein, da die Arbeitsprozesse und Maschinen alle automatisiert sind. Schließlich muss der User nur wenige Knöpfe und Tasten drücken und die intelligenten, vernetzen Maschinen meistern ihre Aufgabe ohne jegliches Eingreifen durch Menschenhand. Das vermittelt den Nutzern das Gefühl ausgeschlossen zu sein und keinen direkten Einfluss mehr auf den Arbeitsprozess zu haben. Das führt zu einer sogenannten *Black Box*. An dieser Benutzerschnittstelle kann Gamification wirksam eingreifen. Gamification gibt den Nutzern das Gefühl, vor bedeutsamen Entscheidungen zu stehen und die Gewissheit, die Maschinen zu beherrschen. Außerdem können spielerisch-motivationale Gestaltungselemente die Nutzer auch bei komplexen Aufgaben entlasten. Falls die Aufgabenanforderungen größer sind als die eigene Fähigkeit, führt das zur Fehlbedienung der Maschine. Auch hier greift Gamification und dient sowohl zur Selbsteinschätzung als auch zur Motivation. Jedoch ist der der Einsatz von Gamification in der Produktion mit Vorsicht zu genießen. Es reicht nicht aus, einem fertigen Produkt einfach ein Punktesystem oder ein spielerisch angehauchtes Interface zu verpassen. Dadurch entfaltet Gamification nicht das gehoffte Potential, nämlich den User zu motivieren und zu unterstützen, sondern lenkt ihn vom eigentlichen Arbeitsprozess ab (Henke/Kaczmarek 2017: 36-38).

4.2.1 Unterschiede Produktion und Spiel

Die Elemente aus Spielen in die Praxis umzusetzen birgt große Hürden und falsch eingesetzt würde man einen negativen, anstatt positiven Effekt erzielen. Es bedarf einem ausgereiften Plan, um gewisse Elemente in Gamification zu implementieren und es sollte zwischen Spiel und Produktion differenziert werden.

Produktivumgebungen	Spielumgebungen
Eingeschränkter Gestaltungsspielraum, Abbildung des realen Kontext	Hohe Kontrolle in der Gestaltung und Darstellung
Zwecke und Zielsetzungen der Organisation	Adressierung persönlicher Bedürfnisse
Reale Konsequenzen des Handelns	Weitestgehend konsequenzfrei
Kontextgebundene Ziele und Handlungsspielräume	Paradoxon der Wahlfreiheit
Hindernisse oft negativ bewertet	Hindernisse sind zentraler Bestandteil
Scheitern wird begrenzt toleriert	Explorieren und Scheitern ist die Regel

Tabelle 1 Unterschiede Produktionsumgebung und Spielumgebung (Schmidt et al. 2015a: 2)

Ein signifikanter Unterscheid zwischen Praxis und Spiel liegt natürlich darin, dass das Handeln in der Praxis Konsequenzen mit sich zieht und dass das Scheitern des Users nicht, beziehungsweise nur bis zu einem bestimmten Grad, toleriert wird. Wenn der Spieler also in einem Videospiel stirbt oder eine Passage beim ersten Versuch nicht schafft, so hat das aus der Game Design Perspektive einen Nutzen. Sei es, dem Spieler gewisse Spielmechaniken näher zu bringen oder ihn dazu zu bewegen, vorsichtiger und bedachter zu spielen.

In der Produktionsumgebung wäre ein solcher Lernprozess durch schlichtes Scheitern kontraproduktiv. Man will nicht den Produktionsfluss hemmen, indem die Mitarbeiter spielerisch lernen zu „versagen". Außerdem will man den Mitarbeitern nicht zusätzlich Hindernisse bieten, um ihren Workflow zu zerstören und somit ihre Produktivität zu senken. All diese Vorgehensweisen hätten natürlich auch einen negativen Einfluss auf den Umsatz, der für die Unternehmen in der Industrie ein ausschlaggebender Faktor ist. In Spielen hat der Entwickler sehr viel Spielraum in Sachen Gestaltung und Darstellung. Bei einer Gamification Anwendung jedoch sollte das Design nicht zweckentfremdet sein. Es sollte gewisse Arbeitsschritte übersichtlich und logisch untermauern, anstatt den User zu verwirren und eine unnötig schwierige Bedienung zu schaffen.

4.2.2 Anforderungen in der Produktion

Um näher auf die Anforderungen von Gamification im Bereich der Produktion und Logistik eingehen zu können, gilt es die Arbeitsprozesse und Abläufe genauer definieren: Ein sogenannter Wissensarbeiter, also eine Person, die mit digitaler Unterstützung Informationen verarbeitet muss gewisse Arbeitsabläufe absolvieren. Hierbei sollte der Fokus jedoch nicht auf die Bedienung der Software liegen, welche nur ein Mittel zum Zweck ist, sondern vielmehr auf die Interaktion zwischen User und Arbeitskomponenten. Laut der Richtlinie VDI 2860 für „Technologie für Montage und Handhabungstechnik" sind die Hauptarbeitstätigkeiten der Mitarbeiter in der Produktion das Zusammenführen, die Handhabung, die Montage, die Kontrolle und Hilfsfunktionen, wie das Beschriften. Monitore und andere digitale Anzeigen können visuelle Elemente, wie Anweisungen oder Informationen darstellen, sie sollten jedoch nicht von den eigentlichen Arbeitsprozessen ablenken (Korn/Vauderwange 2017: 11). Bei der Entwicklung einer Gamification-Anwendung in der Produktion sollten also unbedingt gewisse Richtlinien und Anforderungen beachtet werden, um die Applikation sinnvoll zu integrieren. Es folgen drei Anforderungen von Gamification in der Produktion (Korn/Vauderwange 2017, 11-13):

4.2.2.1 A1 Implizite Interaktion oder natürliche Interaktion (NI)

Interaktive Systeme sollen selbsterklärend sein und informatives Feedback bieten. Sie dienen in erster Linie dazu, die Erkennung und Erinnerung zu unterstützen. Die Systeme sollen also leicht zu bedienen sein, ohne ein Seminar oder Einschulung für genau das System absolvieren zu müssen.

4.2.2.2 A2 Fehlervermeidung

In der Produktion kommt es einerseits auf die Produktionsmenge und Produktionsgeschwindigkeit, aber vor allem auch auf „totale Qualität" an. Es sollten so gut es geht keine Fehler im Endprodukt auftauchen, da sonst weitere hohe Kosten aufgrund von Rückrufaktionen auftreten. Eine gesteigerte Nutzermotivation gleicht in diesem Bereich eine erhöhte Fehlerrate nicht aus. Produktion ist Perfektion und eine Gamification Anwendung, die diese Anforderung nicht erfüllt, gilt als untauglich.

4.2.2.3 A3 Stresserkennung

Der Punkt *Stresserkennung* baut auf dem Punkt *Fehlervermeidung* auf, denn ein hoher Stresspegel des Users führt zu Fehlern. Um frühzeitig Stress bei den Mitarbeitern zu erkennen gibt es viele Ansätze. So kann man mit Sensoren den Puls messen, was sich aber vor allem in der Produktion als schwierig gestaltet, da stetige Bewegungsfreiheit gewährleistet sein muss. Ein weiterer Ansatz wäre Gesichtserkennung, also Stressmessung auf Basis der Mimik. Das wird aber zu stark von Pose und Lichtverhältnissen verfälscht, wodurch in dieser Hinsicht noch viel Forschungsbedarf besteht. Darum kann man laut heutigem Forschungsstand noch nicht sagen, ob Stresserkennung als Anforderung einer Gamification-Anwendung gesehen werden kann.

4.2.3 Designalternativen in der Produktion

Es stellt sich außerdem die Frage nach dem optimalen Design von Gamification in der Produktion. Das Design sollte übersichtlich sein, alle wichtigen Informationen zum Arbeitsprozess beinhalten und nicht den Workflow behindern. Es sollte demnach schlicht gehalten werden, gut sichtbar und leserlich sein, sowie Signalfarben wie rot oder grün verwenden. Auch *Visual Feedback*[9] sollte beispielsweise nach dem Vollenden eines Arbeitsschrittes integriert werden. Es folgt der Vergleich von zwei möglichen Designalternativen in der industriellen Produktion (Korn/Vauderwange 2017, 13-22). Beide Designs visualisieren die Abfolge von Arbeitsschritten bis zu einem Vorprodukt. Hierbei wird mithilfe von Farbe deutlich gemacht, in welchem Stadium sich das Produkt befindet. Grün signalisiert das Anfangsstadium, während sich die Farbe im Laufe des Prozesses Gelb, Orange und schließlich Rot färbt, was das Ende des Prozesses signalisiert.

---

[9] Visuelles Feedback für den User, beispielsweise ein Blinken des Displays.

Abbildung 4.1 Kreis & Balken System vs. Pyramiden Design (Korn/Vauderwange 2017: 14)

Das *Kreis & Balken* System verwendet einen Kreis und ein Würfel in der Mitte, der im Laufe des Prozesses abnimmt, um den Fortschritt darzustellen. Außerdem signalisieren die beiden Fortschrittsbalken den Gesamtfortschritt des Prozesses. Das *Pyramiden* Design stellt den Arbeitsprozess stufenweise dar. Bei der Vollendigung eines Arbeitsschrittes entsteht eine neue Stufe.

Die Akzeptanz der beiden Designs wurde mit leistungsgeminderten Arbeitern getestet, da diese einerseits sehr offen in ihrem Feedback sind und besonders sensibel für Ablenkungen sind. Zur Auswertung der Studie wurde eine Likert-Skala benutzt:

1. Ich stimme überhaupt nicht zu
2. Ich stimme nicht zu
3. Neutral
4. Ich stimme zu
5. Ich stimme vollständig zu

Die Tendenz des Feedbacks ist eindeutig. Fast alle Mitarbeiter ziehen das Pyramiden Design dem Kreis & Balken Design vor (Korn/Vauderwange 2017: 15).

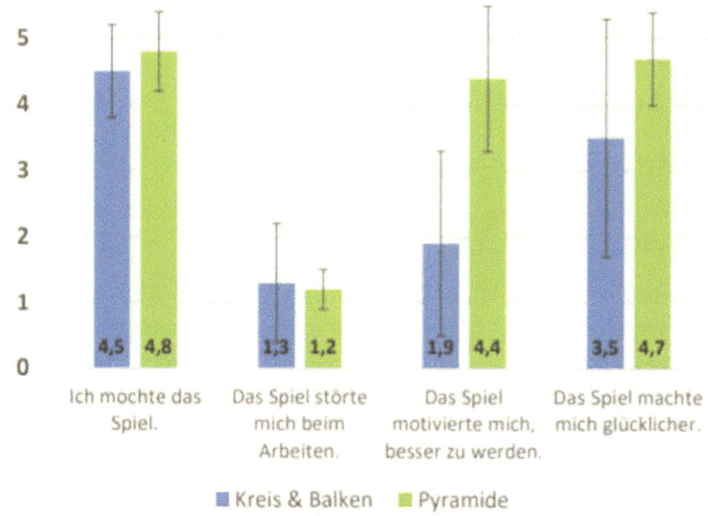

Abbildung 4.2 Auswertung der Ergebnisse der Mitarbeiter (Korn/Vauderwange 2017: 16)

Die Studie zeigt, dass das übersichtliche *Pyramiden* Design dem abstrakten *Kreis & Balken* System vorgezogen wird. Es visualisiert den Fortschritt der einzelnen Arbeitsprozesse besser und der Belohnungsmechanismus fällt positiver auf, da jede Stufe einen Meilenstein in der Produktion symbolisiert und dem User zeigt, was er schon erreicht hat.

Man kann erkennen, dass das Design bei Gamification-Anwendungen eine signifikante Rolle spielt. Die Visualisierung des Prozesses ist gerade in der Produktion sehr wichtig und unterstützt den User bei seinen Tätigkeiten. Dabei ist es wichtig, ein übersichtliches und motivierendes Design zu wählen, das zielführend ist und nicht von der eigentlichen Aufgabe ablenkt.

4.3 Praxisbeispiele in der Industrie 4.0

Die Anforderungen und Designmöglichkeiten von Gamification in der Industrie 4.0 sind der Kernbestandteil einer erfolgreichen Umsetzung. Nur wer diese Aspekte gut umsetzt, kann eine gute Anwendung für die Industrie entwickeln.

In diesem Kapitel wird anhand von zwei Praxisbeispielen deutlich gemacht, wie man Gamification in der Industrie 4.0 sinnvoll einsetzen kann und was für Vorteile dies mit sich bringt. Außerdem werden diese mit Hilfe der *SWOT-Analyse* nach Humphrey, Andrews und Christensen bewertet.

4.3.1 SEW Eurodrive, Hannover Messe 2015

Es folgt ein Praxisbeispiel einer Produktionshalle aus der Industrie 4.0 (Henke/Kaczmarek 2017: 39-44).

SEW Eurodrive, ein deutscher Hersteller von Antriebstechnik, stellte auf der Hannover Messe *Industrie* 2015 ein Exponat vor, das sehr futuristisch angehaucht war und bei dem Gamification eine große Rolle spielt. Es dient als Beispiel für eine nutzerzentrierte Produktion und Logistik in der Industrie 4.0, welches autonome Transport- und Montagefahrzeuge, sowie hochmoderne Automatisierungstechnologie, wie zum Beispiel Industrieroboter mit optischer Positionserkennung, mit Gamification verknüpft. Außerdem macht sich das Exponat die futuristische Produktionshalle *Augmented Reality* [10] und 3D-Echtzeitvisualisierung zu Nutze.

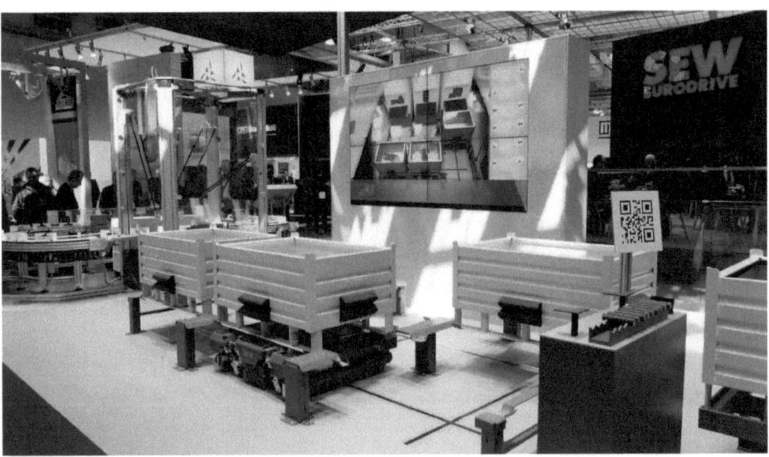

Abbildung 4.3 SEW Eurodrive Hannover Messe 2015, futuristisch angehauchte Produktionshalle. URL: https://www.youtube.com/watch?v=ACC6Qse2faM (18.12.2019)

---

[10] Computergestütze Wahrnehmung, beziehungsweise Darstellung, welche die reale Welt um die virtuelle Welt erweitert

Autonome Fahrzeuge transportieren auf Anweisung von Mensch oder Maschine Güter von A nach B oder dienen gar als mobile Werkbank oder als Montageassistent. Der User kann die fertigen Produkte per Drag and Drop über ein Interface in unterschiedliche Transportkisten befördern. Diese werden im Anschluss an unterschiedliche Verpacker weitergeleitet. Das User Interface zeigt mit Hilfe von Augmented Reality dem Bediener die Halle aus der Vogelperspektive, welche von einer an der Decke der Halle befestigten Videokamera in Echtzeit übertragen wird und zusätzlich mit User Interface Elementen überlagert wird. Das User Interface enthält Statusinformationen zu den Transportkisten, sowie Bedienelemente, die es dem Benutzer erlauben, in den Prozess miteinzugreifen, wie beispielsweise Produkte per *Drag & Drop* in Kisten abzulegen.

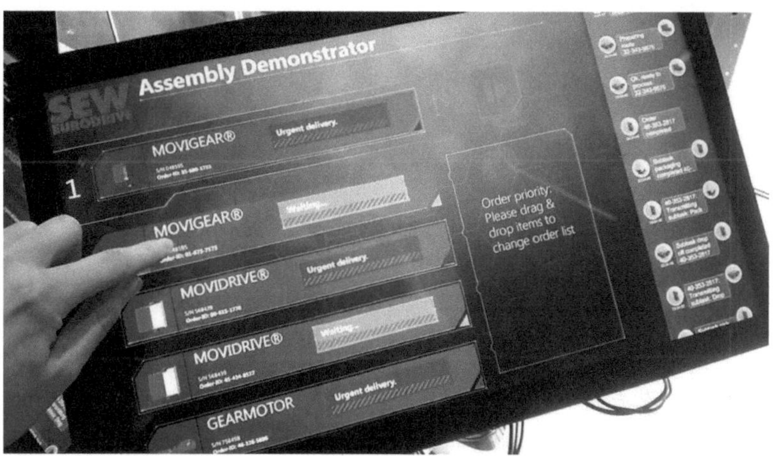

Abbildung 4.4 Gamifiziertes Drag & Drop System in der Industrie 4.0. URL: https://www.centigrade.de/de/referenzen/sew-industrie-4-0 (17.12.2019)

Das System unterstützt den User, indem es ihm bei Auswahl eines Produkts eine zur Verfügung stehende Transportkiste signalisiert, die für den Transport am besten geeignet ist. Das gewährt einen reibungslosen und fehlerfreien Ablauf, ohne dass der User sich selber Gedanken über die Logistik machen muss. Sobald das Produkt in eine Kiste gelegt wird, übermittelt die Anwendung diese Informationen an ein autonomes Fahrzeug, welches automatisch und ohne weitere Nutzereingabe zum Zielort fährt und die Kiste abholt.

Die Interaktion zwischen Mensch und Maschine weist einen spielerischen Charakter auf, den man von Echtzeitstrategiespielen, wie beispielsweise *Die Siedler* oder *Anno* kennt. Über das User Interface sieht der Benutzer, wie viele Ressourcen er zur

Verfügung hat und wie viele und welche Art von Ressourcen für bestimmte Einheiten und Produkte benötigt werden. Man kann sich die Logistik in diesem Fall wie eine Partie in einem Echtzeitstrategiespiel vorstellen. Anhand eines konkreten Beispiels soll dies deutlich gemacht werden: In dem Spiel „Starcraft 2" gibt es zwei Arten von Ressourcen, Mineralien und Gas. Diese werden benötigt um Einheiten und Gebäude zu produzieren. Im User Interface sieht der Spieler ständig, wie viele Ressourcen er zu jenem Zeitpunkt zur Verfügung hat und in der Bauleiste am unteren Bildschirmrand sieht er, wie viele Ressourcen ein Gebäude beziehungsweise eine Einheit kostet. So hat der Spieler immer einen Überblick, wann er welches Gebäude bauen und in welcher Zeit er welche Einheit produzieren kann. Genauso agiert der User in der futuristischen Produktionshalle. Er managt die Produktion über ein Interface und behält so den Überblick. Er weiß genau wie viele Ressourcen für welches Produkt bereitstehen müssen und an welchem Ort diese benötigt werden. Dadurch ist ein reibungsloser Workflow garantiert und es werden optimalerweise nie zu wenig oder zu viel Ressourcen zur Verfügung stehen.

Um einen reibungslosen Ablauf gewährleisten zu können und Unfälle zwischen Robotern untereinander oder zwischen Mensch und Roboter zu vermeiden, muss jede Bewegung und jeder Befehl an die Maschinen in einem Gesamtsystem erfasst und ausgewertet werden. Ansonsten kann es zu Zusammenstößen kommen. Um das zu vermeiden werden alle Laufwege der Roboter automatisch ausgewertet und optimale Laufwege erstellt. Alternativ kann der Benutzer mit der Logistikanwendung manuell einen Pfad für den Roboter bestimmen, den er über das Interface auswählen kann. Dieses Element findet man auch in rundenbasierten Strategiespielen wie *XCOM* oder *Gloomhaven* vor.

Wenn es darum geht, die komplexen und erklärungsbedürftigen Technologien, wie beispielsweise die autonomen Fahrzeuge, besser verständlich für den User zu machen, dann liefert Gamification ebenfalls eine Lösung für die Industrie 4.0. Dabei geht es nicht nur um die äußere Gestalt des Fahrzeugs, sondern um die inneren Komponenten. Wie funktioniert beispielsweise der Antrieb, der Drehkranz oder der Greifmechanismus? In welchem Winkel kann der Roboter Objekte von A nach B bewegen? Die Lösung kommt aus dem Rennspielgenre. Spiele wie *Forza Motorsport* oder *Need for Speed* nutzen dieses Element schon lange.

Abbildung 4.5 Die gläserne Maschine zur Visualisierung komplexer Fahrzeuge und Roboter in der Industrie 4.0, SEW Eurodrive Hannover Messe 2015. URL: https://www.youtube.com/watch?time_continue=6&v=JXlCKdIZB0M&feature=emb_logo (20.12.2019)

Das Fahrzeug wird halbdurchsichtig dargestellt und man kann durch Auswählen verschiedener Komponenten, welche dann rot markiert werden, die Lage und Funktionsweise nachvollziehen. Die Bewegungsmöglichkeiten der Komponenten werden mithilfe einer Animation visualisiert.

Durch die automatisierte Übernahme von Prozessschritten wird der User entlastet. Er kann jedoch, falls er das Gefühl hat, unterfordert zu sein, in das Geschehen miteingreifen, in dem er Aufträge anders priorisiert oder alternative Routen für die autonomen Fahrzeuge auswählt. Die Funktionsweise der Industrie 4.0 basiert auf automatisierten Prozessen und untereinander kommunizierenden Maschinen. Der User kann, muss aber nicht intervenieren und in das Gesamtgeschehen miteingreifen (Henke/Kaczmarek 2017: 44).

4.3.1.1 SWOT Analyse

Mit Hilfe der *SWOT* Analyse werden die Chance, Risiken, Stärken und Schwächen des Praxisbeispiels erörtert.

Chancen	Risiken
Höhere Produktionskapazitäten Prozessoptimierung Wandel in der Industrie	Abhängig von Technologie (Software und Hardware)
Stärken	**Schwächen**
Leichte Bedienbarkeit Automatisierter und übersichtlicher Arbeitsprozess Prozesseinbindung der Mitarbeiter Fehlervermeidung durch automatisierte Prozesse	Hoher Kostenaufwand

Tabelle 2 SWOT Analyse SEW Eurodrive, Hannover Messe 2015

Die Chancen des Exponats von SEW Eurodrive liegen vor allem in der Prozessoptimierung und die damit einhergehenden gesteigerten Produktionskapazitäten. Die Prozesse sind effizient gestaltet und automatisiert. Dies könnte als Vorzeigemodell für andere Produktionshallen in der Industrie gesehen werden und die Industrie 4.0 revolutionieren.

Ein Risiko des Modells ist die Abhängigkeit von Software und Hardware, sowie Big Data. Im Falle eines Serverproblems oder Hardware Problems, fällt das ganze System und somit die ganze Produktion aus. Daher ist es wichtig, in diesen Bereichen ausreichend Vorkehrungen zu treffen und sich abzusichern.

Die Stärken des Exponats liegen in der leichten Bedienbarkeit und der Übersichtlichkeit der visualisierten Arbeitsprozesse. Außerdem wird der User durch Gamification in das Gesamtgeschehen miteingebunden und fühlt sich aufgrund der automatisierten Arbeitsprozesse nicht überflüssig. Die automatisierten Prozesse führen zusätzlich zu einer erhöhten Fehlervermeidung.

Durch die Software- und Hardware-Anforderungen ist eine solche Produktionshalle mit einem hohen Kostenaufwand verbunden

4.3.2 Lampenproduktion am Fließband

Es folgt ein weiteres Praxisbeispiel aus der industriellen Produktion (Niesenhaus 2015).

Es stellt sich die Frage, ob Gamification auch sinnvoll in der Fließbandproduktion eingesetzt werden kann, denn diese ist gekennzeichnet von repetitiven Arbeitsschritten, konstantem Druck und Perfektion jedes einzelnen Arbeitsschrittes. Dabei sollten die Mitarbeiter möglichst wenig abgelenkt werden. Daher ist es eine große Herausforderung, ein sinnvolles und produktives Gamification-Konzept in dieser Branche zu entwickeln. Niesenhaus beschreibt in diesem Praxisbeispiel die Umsetzung eines erfolgreichen Gamification-Konzepts in der Lampenproduktion, das sich auf die Mensch-Maschine-Schnittstelle am Fließband fokussiert: Das Ziel des Projekts war es, ein User Interface zu entwickeln, das eine positive Nutzererfahrung generiert, bei der sich der Benutzer motiviert fühlt und effizienter arbeitet. Das Konzept ist darauf ausgerichtet, einen maximalen Durchsatz und Qualität zu erzielen, sowie die Ausfallzeiten möglichst gering zu halten.

Am Fließband müssen die Mitarbeiter konzentriert und zielstrebig arbeiten und sie sollen sich dabei gegenseitig unterstützen. Daher ist es wichtig, keinen wettbewerbsorientierten Spielmechanismus miteinzuarbeiten, der die Mitarbeiter frustrieren könnte. So wäre das Einsetzen eines *High Scores* kontraproduktiv, denn das würde dazu führen, dass die Mitarbeiter egoistisch handeln, anstatt sich gegenseitig zu helfen. Anstatt eines klassischen, individuellen High Scores, arbeitet man stattdessen mit einem *Team Score*. Dieser Team Score zeigt an, wie viele Punkte welche Abteilung an einem Tag insgesamt gesammelt hat. Es gibt bewusst keine Übersicht über die individuell erzielten Punkte. Punkte kann man für verschiedene Aktivitäten, wie beispielsweise das Verpacken einer Lampe oder der Qualitätsprüfung eines Produkts, sammeln. Man bekommt aber auch Punkte für soziale Aktivitäten wie die Unterstützung eines Kollegen. Auf einem Scoreboard, welches die Mitarbeiter beim Ausstempeln sehen, wird Ihnen der heutige Score und der Score der letzten Tage angezeigt. So fragen sich die Mitarbeiter automatisch warum beispielsweise der Score von gestern höher war als der aktuelle. Das führt dazu, dass die Mitarbeiter untereinander diskutieren, wie Sie ihre Prozesse optimieren können, um einen noch besseren Team Score erreichen zu können.

Ein weiterer Gamification-Ansatz in der Lampen Produktion ist die dynamische Pausenzeit. Es stellte sich heraus, dass der Produktionsdurchsatz, wenn zu viele Leute gleichzeitig in die Pause gehen, einbricht. Darum schlägt das System dem

Mitarbeiter auf Wunsch eine optimale Pausenzeit vor. Der Mitarbeiter kann, wenn er will, unabhängig des Systemvorschlags in die Pause gehen. Er bekommt jedoch drei bis 15 Minuten an Pausenzeit gutgeschrieben, wenn er den Vorschlag des Systems annimmt. Ein Algorithmus rechnet die optimalen Pausenzeiten jedes Mitarbeiters aus, während er die Pausenzeiten der Anderen berücksichtigt. Das führt zu einem besseren Workflow und zu einer höheren Produktionskapazität.

In der Lampenproduktion stellte man schnell noch weitere Probleme fest: In Zweierteams montieren die Mitarbeiter drei zentrale Lampenkomponenten. Bei diesem Arbeitsprozess ist es wichtig, dass die Mitarbeiter ihren Arbeitsrhythmus aneinander anpassen, so dass möglichst wenig Wartezeit entsteht. Da in einem Arbeitsschritt der zweite Mitarbeiter sich vom ersten kurz abwendet und ihn dabei nicht im Blick hat, tritt dieses Problem jedoch vermehrt auf. Um dem entgegenzuwirken greift ein weiterer Gamification Ansatz in Form eines Interface Elements. Ein Fortschrittsbalken zeigt den Fortschritt seines Kollegen an und signalisiert, wann das bestimmte Teil für die Übergabe bereit ist. Das spart Kommunikation und vor allem Zeit. Außerdem kristallisierte sich durch diese Fortschrittsanzeige ein weiterer Vorteil heraus: Es gibt Mitarbeiter, die sich besonders gut in der ersten oder zweiten Position an der entsprechenden Arbeitsstation schlagen. Der Schichtleiter kann resultierend aus diesen Erkenntnissen Teams zusammenstellen und gewisse Arbeiter an Positionen bringen, in denen sie gut arbeiten oder in denen sie noch etwas Übung brauchen.

4.3.2.1 SWOT Analyse

Mit Hilfe der *SWOT* Analyse werden die Chance, Risiken, Stärken und Schwächen des Praxisbeispiels erörtert.

Chancen	Risiken
Kann in jeder Fließbandhalle eingesetzt werden	Keine Akzeptanz bei großen Unternehmen
Stärken	**Schwächen**
Spart Kommunikation Stärkt Teamgeist Steigerung des Engagements Höhere Produktionskapazitäten aufgrund von dynamischen Pausenzeiten	Konkurrenz zwischen den Schicht Teams

Tabelle 3 SWOT Analyse Lampenproduktion am Fließband

Die Chancen des Fließbandprojekts liegen darin, dass es überall und ohne großen Aufwand eingesetzt werden kann. Es bedarf keinen großen Aufwand, das User Interface in bestimmte Arbeitspositionen zu integrieren und umzusetzen.

Ein Risiko könnte sein, dass es von großen Unternehmen nicht akzeptiert wird, denn diese setzen lieber auf „alt und bewährt" anstatt auf „neu und unerprobt".

Die Stärken des Modells liegen in der einfacheren Kommunikation zwischen den Zweierteams und der Stärkung des Teamgeists aufgrund des Team High Scores. Außerdem führen die dynamischen Pausenzeiten zu einem besseren Workflow und somit zu einer höheren Produktionskapazität.

Offensichtliche Schwächen kann man dem Modell nicht zuschreiben. Es könnte jedoch aufgrund des Team High Scores trotzdem zu einem Konkurrenzkampf zwischen den Schichtteams kommen, falls diese die Scores untereinander austauschen.

4.4 Auswertung und Fazit

Die Praxisbeispiele zeigen, dass Gamification einen signifikanten Einfluss in der Industrie 4.0 haben kann. Gamification erleichtert den Usern die Bedienung der Maschinen und Roboter und gibt ihnen das Gefühl, in den Prozess eingebunden zu sein. Außerdem trägt es zur Fehlervermeidung bei und optimiert den Workflow in der Produktion. Gamification visualisiert zudem die schwierigen Prozessschritte und unterstützt den User bei seinen Tätigkeiten. Das führt zu einer Qualitätssteigerung, höheren Produktionskapazitäten und verringert die Anzahl an fehlerhaften Produkten, wodurch der Umsatz des Unternehmens gesteigert wird.

Bei der Arbeit in Schichtteams kann Gamification auch eine gelungene Unterstützung für die User sein. Es kann einen positiven Einfluss auf den Teamgeist, Engagement und Hilfsbereitschaft haben. Bei der Umsetzung sollte hierbei jedoch darauf geachtet werden, dass die Anwendung nicht von den eigentlichen Tätigkeiten ablenkt oder dadurch gar ein Konkurrenzkampf entsteht. Das Phänomen tritt häufig auf, wenn man mit einem Punktesystem arbeitet. Dieses sollte mit Bedacht eingesetzt werden und gegebenenfalls über einen längeren Zeitraum getestet werden.

Für Unternehmen gilt es abzuwägen, ob und welche Art von Gamification sinnvoll ist. Das Fließband-Beispiel zeigt, dass Gamification ohne großen Aufwand in eine schon bestehende Produktionshalle integriert werden kann. Bei einer solch kleinen Umstrukturierung fallen keine immensen Kosten an und die Umschulung der Mitarbeiter stellt keine Hürde dar. Das zeigt, dass Gamification flexibel einsetzbar ist und es sich lohnt, kleine Umstrukturierungen vorzunehmen, um eine Prozessoptimierung zu erzielen.

Das Praxisbeispiel von SEW Eurodrive zeigt, wie eine schon funktionelle und hochmodernisierte Produktionshalle in der Industrie 4.0 mit Gamification verbessert werden kann und den Mitarbeitern das Gefühl gibt, in die automatisierten Prozesse eingebunden zu sein. Außerdem visualisiert Gamification den Usern schwer nachvollziehbare Arbeitsprozesse und agiert als unterstützender Begleiter in der Welt der Roboter. Gamification ist sozusagen die Schnittstelle zwischen der hochmodernen Technik und den Arbeitern und verknüpft die digitale mit der analogen Welt.

4.5 Zusammenfassung

Gamification kann den Benutzern in der Industrie 4.0 das Gefühl geben, in die Prozesse eingebunden zu sein und entsprechenden Einfluss zu haben. Außerdem wirkt Gamification motivationssteigernd und unterstützt die User visuell mit Hilfe von Interface Elementen.

Spielerische Elemente in die Produktions- und Logistikprozesse einzubauen kann sinnvoll sein. Die Umsetzung spielt jedoch eine zentrale Rolle. Falsch eingesetzt, kann Gamification zu Ablenkung der User führen und ihren Arbeitsprozess behindern. Auch das Benutzen von Punktesystemen ist mit Vorsicht zu genießen, da es unter Umständen von der eigentlichen Aufgabe ablenkt und eine Wettbewerbssituation unter den Mitarbeitern erzeugt. Richtig verpackt, kann aber selbst ein simples Team Highscore System einen Nutzen bringen, wie das Fließband-Praxisbeispiel zeigt.

Es gibt viele Ansätze aus digitalen Spielen, die sich für die industrielle Produktion eignen, wie sich im Praxisbeispiel von SEW Eurodrive zeigt. Darunter zählt unter anderem das Ressourcenmanagement aus Strategiespielen, die Pfadauswahl aus rundenbasierten Rollenspielen oder die gläserne Sicht aus Rennsimulationen. Diese Mechaniken haben sich nicht ohne Grund in der digitalen Spielebranche durchgesetzt, denn sie erleichtern die Bedienung und dienen der Übersichtlichkeit. Somit bieten sie eine optimale Vorlage in der Industrie 4.0.

Das Exponat gewährt einen Einblick in die Zukunft und zeigt die Effizienz von Gamification in der Produktion und Logistik.

Bei Entwicklung von Gamification sollte jedoch eins klar sein: Nicht alle Elemente und Mechaniken, die man beispielsweise aus digitalen Spielen kennt, sind in der Praxis sinnvoll. Mechaniken wie das Verlieren oder Sterben, also das Scheitern, sind in der Produktion tabu. Der User soll nicht erst durch Scheitern lernen was er falsch gemacht hat, sondern von Anfang an durch die Anwendung unterstützt werden.

5 Gamification in unserer Gesellschaft und Arbeitswelt

Gamification ist schon ein Teil unseres alltäglichen Lebens, jedoch nimmt man es nicht explizit wahr. Die Auswirkungen von Gamification auf unsere Gesellschaft und Arbeitswelt werden in diesem Kapitel beschrieben, wobei der Industriesektor nicht berücksichtigt wird.

Hierbei wird Bezug auf das Experteninterview mit Frau B. und Praxisbeispiele genommen. Wie sieht die Zukunft von Gamification aus? Welche Branchen machen sich Gamification zu Nutze und wo ist es sinnvoll, diese einzusetzen?

Es folgen Beispiele aus verschiedenen Branchen.

5.1 Einsatzgebiete von Gamification

5.1.1 Gesundheitssektor

Auch im Bildungs- und Gesundheitssektor trifft man immer wieder auf Gamification. Die Motivation zum Lernen und etwas für die Gesundheit zu tun ist wichtig, um unseren Körper und unseren Geist fit zu halten. Eines der größten Probleme in der heutigen Gesellschaft ist mangelnde Aufklärung in diesem Sektor. Die immer mehr an Einfluss gewinnenden Fast-Food-Ketten wie *McDonald's*, *Burger King* und *KFC*, machen den Kindern und ihren Familien das Essen schmackhaft, ohne sie jedoch über die Risiken aufzuklären. Die Folgen davon sind Übergewicht, Diabetes und Gefäßverkalkungen.

Laut B. wird in China Fast Food sogar als Luxus und als ein Prestigesymbol angesehen. Das hat zur Folge, dass 20% der chinesischen Kinder übergewichtig und 15% prädiabetische Symptome aufweisen (FoodHeroes, o.D.). Das Projekt Food Heroes bringt den Kindern mit Hilfe von Gamification spielerisch bei, sich bewusst gesund zu ernähren und ihren Körper wertzuschätzen. Das Projekt hat einen globalen Einfluss auf die Gesundheit unserer Kinder und wirkt präventiv, anstatt die Folgen der falschen Ernährung, wie Diabetes, zu bekämpfen.

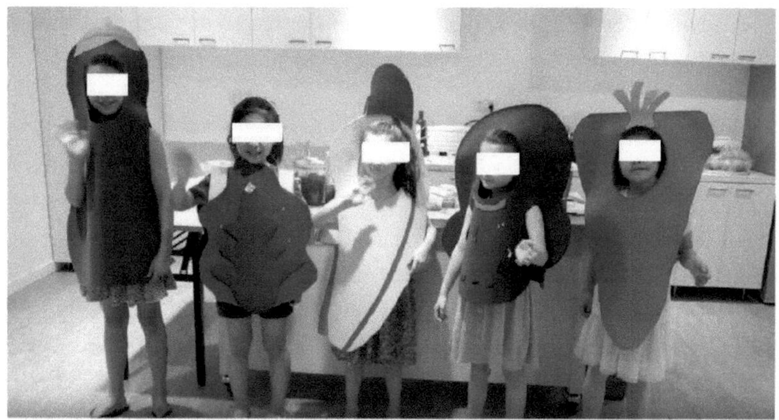

Abbildung 5.1 Mit Hilfe von Gamification haben sogar die Kinder Spaß an gesunder Ernährung, Projekt Food Heroes. URL: https://www.youtube.com/watch?time_continue=164&v=SlllMShw7bA&feature=emb_logo (26.12.2019)

Gamification hat vor allem auch im Gesundheitssektor einen sehr großen Einfluss. Eine wichtige Fragestellung des Roten Kreuzes ist es, wie man Menschen dazu bewegt, Blut zu spenden. In Deutschland setzt man bislang auf extrinsische Motivationssteigerung, in Form von Geld. Ab der zweiten Blutspende bekommt der Spender eine Aufwandsentschädigung in Höhe von 20 € bei einer Vollblutspende und 25–40 € bei einer Plasmaspende (Hery-Moßmann 2018). Anders sieht es in Schweden aus. Es gibt eine Blutspendenkampagne in Schweden, die auf die intrinsische Motivation der Spender wert legt. So bekommt der Spender eine SMS, wenn er mit seiner Blutspende ein Menschenleben gerettet hat. Die Nachricht lautet wie folgt (Rackwitz 2016):

„Danke! Das Blut, dass Sie am Datum X gespendet haben, ist jetzt zum Wohle eines Patienten eingesetzt worden. Mit freundlichen Grüßen, das Blutspendezentrum."

Da der Gesundheitssektor vor allem auf die Motivation der Menschen angewiesen ist, ist Gamification in diesem Sektor das optimale Mittel.

Die App *mySugr* erleichtert das Leben von Diabetikern und bietet den Usern eine Rundumversorgung. Die Applikation bietet dem Benutzer die Möglichkeit, Einträge zu erstellen, eine 3-Monats Übersicht mit den wichtigsten personalisierten Daten, ein geschätzter HbA1c-Wert, Berichte und Datenanalyse. Der User kann auch seine Mahlzeiten fotografieren, um die Kohlenhydrat-Mengen besser einzuschätzen und er wird an die nächste Blutzuckerkontrolle erinnert.

Außerdem bietet die App Challenges, die dem Patienten dabei helfen, seine persönlichen Therapie- und Gesundheitsziele zu verwirklichen (mySugr, o.D.).

5.1.2 Nachhaltigkeit und Umwelt

Gamification kann nicht nur in der Industrie oder in anderen Wirtschaftssektoren eingesetzt werden. Auch wenn es um das Thema Nachhaltigkeit und Umwelt geht, spielt Gamification ganz vorne mit. Schneider (Schneider Team 2017) spricht von einem Abfallentsorgungssystem aus dem Jahr 2040. Auf Glascontainern befinden sich QR-Codes und der Slogan: „Scannen Sie den Code und gewinnen Sie noch heute 150 €". Beim Scannen des QR-Codes hat der Passant den aktuellen Füllstand des Containers an die Cloud des Müllentsorgers geschickt. So weiß er, wann der Müllcontainer entleert werden muss, ohne ihn selbst mit dem Internet zu verbinden. Der Container braucht nur Strom für den Bildschirm, den er von einem Solarpanel und Stromspeicher bezieht. Das spart dem Entsorgungsunternehmen Zeit und vor allem Ressourcen, was wiederrum gut für die Umwelt ist. Außerdem hat der Verbraucher die Chance, 150 € zu gewinnen.

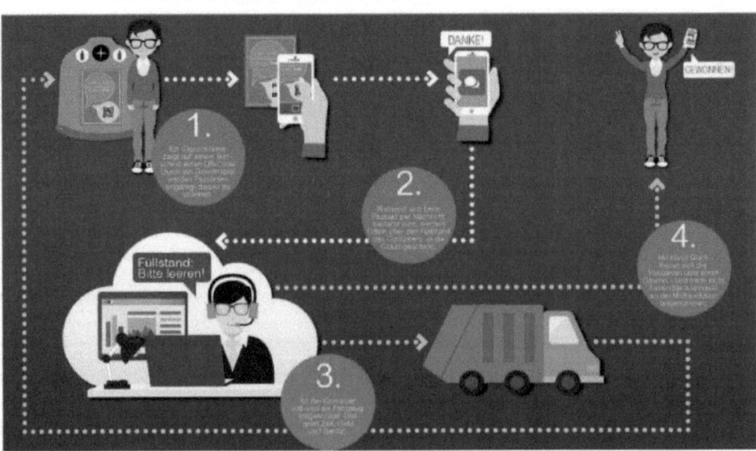

Abbildung 5.2 Müllentsorgungssystem der Zukunft mit Hilfe von Gamification. URL https://blog.se.com/de/arbeiten-bei-schneider-electric/2017/05/22/industrie-4-0-internet-der-dinge/ (23.12.2019)

B. sieht Gamification ebenfalls als eine Chance, wenn es um das Thema Nachhaltigkeit geht, und spricht von gamifizierten Gadgets im Alltag, wie beispielsweise Mülleimer, die dem User ein Feedback geben oder Wasserspender, die anzeigen, wie viele PET-Flaschen man schon gespart hat.

Es gibt schon viele kleine Gadgets aus dem Alltag, die gamifiziert wurden, wie beispielsweise der *TetraBIN* (TetraBIN 2017). Der Mülleimer ist mit LCD-Flächen ausgestattet und virtuelle Tiere rufen den Passanten zu, dass sie etwas in den Mülleimer stecken sollen. Wenn die Passanten die Tiere füttern, bekommen sie zur Belohnung einen Code, der auf der Website des Herstellers eingelöst werden kann. Mit dem Code kann man beispielsweise kleine Geschenke oder Gutscheine gewinnen. Mit den ursprünglichen Tetra Bins konnte man sogar Tetris gegeneinander spielen.

Abbildung 5.3 TetraBIN mit Tetris bietet den Passanten eine nette Abwechslung und eine Möglichkeit ihren Müll zu entsorgen. URL: http://www.stevenbai.net/tetrabin (23.12.2019)

Ein weiteres Gamification Highlight liefert Volkswagen mit der *Bottle Bank Arcade Machine* im Jahr 2009. Glasflaschen zum Container zu bringen ist eine langweilige Tätigkeit. Ein Arcade Spiel daraus zu machen ist eine geniale Idee, wie uns VW bewiesen hat. Der Spieler muss so schnell wie möglich versuchen, die Flaschen in das richtige Loch, welches durch ein Lichtsignal kenntlich gemacht wird, zu werfen. Aus der eigentlich so langweiligen Aktion wird ein Highlight für die Passanten und man tut gleichzeitig etwas für die Umwelt (Rolighetsteorin 2009).

Abbildung 5.4 Bottle Bank Arcade Machine von Volkswagen. URL: https://www.slide-share.net/ChrisvdbergSS/workshop-kana-connect (23.12.2019)

B. spricht auch das Luftverschmutzungsproblem in Indien an: Jeder achte Todesfall in Indien lässt sich auf die Luftverschmutzung zurückzuführen (The Lancet Planetary Health 2018). Trotz des bekannten Problems unternehmen die indische Bevölkerung und Regierung nichts dagegen. Auch hier könnte Gamification einen Einfluss auf die Problemlösung haben und die Menschen dazu bewegen, nachhaltiger und umweltfreundlicher zu leben.

Dhupar, ein indischer Student, hat mit seinem Projekt *Air Ink* einen Schritt in die richtige Richtung gemacht. Er entwickelte einen Abgasfilter für Dieselmotoren, der den Ruß in einer Flüssigkeit auffängt. Daraus gewinnt er später Tinte, die zum Beispiel zum Drucken oder für Graffiti verwendet werden kann. Auch hinter seinem Konzept verbirgt sich ein Ansatz von Gamification, nämlich spielerisch eine Lösung zu einem Problem zu finden und die Leute zu motivieren, etwas gegen die Luftverschmutzung in Indien zu tun. Er baut sich aus dieser Idee sogar das Start-up *Chakr Innovations* auf und verkauft die Tinte an große Konzerne wie *Dell*, die sie zum Bedrucken von Kartons für Laptops benutzen (Franzen 2018).

Abbildung 5.5 Die Air Ink findet auch Anwendung in der Kunstszene und motiviert viele Künstler Werbung für das Projekt zu machen. URL: https://goodvertising.site/air-ink/ (24.12.2019)

5.1.3 Bildung und Schule

Das zum Unterricht begleitende Spiel *Classcraft* begleitet die Schüler das ganze Schuljahr lang. Jeder Schüler hat einen virtuellen Spielcharakter und die Schüler bilden Teams untereinander. Anstatt nur ein Fach zu gamifizieren, gamifiziert *Classcraft* das ganze Schulerlebnis. Egal was die Schüler machen, es hat immer Auswirkung auf ihren Spielcharakter. Der Unterricht läuft ganz normal ab, doch wenn der Schüler beispielsweise eine Frage richtig beantwortet, eine positive Grundeinstellung hat oder anderen Schülern hilft, so bekommt dieser Erfahrungspunkte. Mit diesen Erfahrungspunkten kann der Schüler Level aufsteigen und bestimme Fähigkeiten freischalten, wie zum Beispiel: Im Unterricht essen, Zeitverlängerung beantragen bei einer Hausarbeit, einen Tipp zu einer Frage bei einer Klassenarbeit bekommen.

Wenn sich der Schüler negativ verhält, beispielsweise weil er einen Mitschüler beleidigt, seine Hausaufgaben vergisst oder zu spät kommt, so kann dieser Lebenspunkte verlieren. Wenn die Lebenspunkte des Schülers unter Null fallen, so stirbt er im Kampf. Dann muss er beispielsweise für die Klasse singen oder er muss eine Hausarbeit einen Tag früher als geplant einreichen. Es besteht jedoch die Möglichkeit ein Spieler aus seinem Team zu beschützen und selber dafür Lebenspunkte zu verlieren. Wenn ein Spieler aus einem Team endgültig stirbt, so verlieren alle Mitspieler Lebenspunkte (Classcraft: Gamify Your Classroom 2019).

Classcraft verstärkt mit den Spielmechaniken den Zusammenhalt der Schüler untereinander und motiviert sie, sich am Unterricht zu beteiligen, ihre Hausaufgaben immer zu erledigen und ihre Mitschüler gut zu behandeln.

Abbildung 5.6 Die Eltern haben ebenfalls Zugriff auf den Spielcharakter ihrer Kinder und können ihre Werte, sowie Tätigkeiten einsehen. URL: https://help.classcraft.com/hc/en-us/articles/217901868-What-parents-can-do-in-Classcraft-teachers- (27.12.2019)

Ein weiteres Gamification-Projekt in der Schulbildung ist die Online Plattform *QuesTanja*. Die Plattform bietet den Schülern die Möglichkeit, in verschiedenen Fächern Aufgaben zu lösen und selbstständig zu lernen.

Die Lehrer können bei der Erstellung einer Aufgabe auf vorgefertigte Learning Apps zurückgreifen, es ist jedoch auch möglich eigene Aufgaben zu erstellen. Je nach Schwierigkeitsstufe kann sogar das Zeitlimit angepasst werden. Außerdem kann zwischen verschiedenen Aufgabenerzählern ausgewählt werden, der den Schülern die Aufgabe erklärt.

Das Spiel bietet den Schülern einen Avatar und kleine Geschichten, die zu den einzelnen Aufgaben hinführen. Für erledigte Aufgaben gibt es eine bestimmte Anzahl an Erfahrungspunkten und Gold, die anhand der drei zu erreichenden Sterne festgelegt werden. Außerdem gibt es zufällige Belohnungen, wie beispielsweise Accessoires für den Avatar. Die Schüler und die Lehrer nehmen in *QuesTanja* fiktive Rollen ein, was dem Spiel noch einen spaßigen Charakter verleiht und gerade bei jüngeren Schülern für Motivation sorgt. Außerdem gibt es eine Rangliste, auf der die

Schüler ihre Anzahl an Sternen mit anderen vergleichen können. Es sind jedoch nur die ersten drei Plätze sichtbar und der eigene Platz wird ohne Rang mit den benachbarten zwei Rängen angezeigt. Das soll verhindern, dass sich die schwächeren Schüler gedemütigt fühlen und ausgegrenzt werden. Außerdem werden die Schüler in kleinere Gruppen unterteilt und deren Sterne im Verlauf des Schuljahrs zusammengezählt. Die Sieger erhalten zusätzliche Belohnungen.

Abbildung 5.7 QuesTanja weist viele Rollenspielelemente auf und bietet dem User eine motivierende Umgebung zum Lernen. URL: https://www.youtube.com/watch?v=qVcR-DIeSLGQ (27.12.2019)

Die Lehrer können auch ihre Klassenarbeiten oder Kurztests als Aufgaben in *QuesTanja* lösen lassen. Dabei werden die gesammelten Punkte in Noten umgerechnet und es gibt die Möglichkeit, bei der Notengebung am Ende des Jahres die gesammelten Punkte in die Gesamtnote miteinzubeziehen. So können Schüler, die in einem Fach zwischen zwei Noten stehen, sich mit *QuesTanja* die bessere Note sichern.

Nach zwei Testphasen stellte sich heraus, dass die Aufgaben mit großem Engagement gelöst wurden und ungefähr 50% der Aufgaben außerhalb des Unterrichts bearbeitet wurden, ohne die Hausaufgaben zu vernachlässigen. Das Projekt wurde von den Schülern und Lehrern als positiv empfunden. Der einzige Nachteil war der hohe Zeitaufwand für die Lehrer zum Korrigieren der Aufgaben (Gamification und Bildung – Wenn Schule zum Spiel wird 2016).

5.1.4 Gamification im Alltag und Verkehr

Gamification ist sogar in der Lage, Menschen zu motivieren, sich an die Straßenverkehrsregeln zu halten.

Durch das Projekt *Speed Camera Lottery* in Schweden wurden Autofahrer dazu motiviert, sich an die vorgegebene Geschwindigkeit zu halten. Die Regeln waren simpel: Jeder Autofahrer wurde geblitzt. Die Fahrer, die zu schnell fuhren, zahlten das Bußgeld in eine Kasse ein. Diejenigen, die sich an das Tempolimit gehalten haben, nahmen automatisch an einer Verlosung teil und erhielten die Chance, das Geld, dass die Raser einzahlten, zu gewinnen. Das Projekt zeigte große Wirksamkeit. Die Durchschnittsgeschwindigkeit ist um 22% gesunken (The Medical Futurist 2018).

In Lancaster, California, gibt es ein weiteres Projekt, dass die Menschen motiviert, sich an die Geschwindigkeit zu halten. Das *Musical Road* Projekt macht sich kleine Rillen im Asphalt zu Nutze, die beim Überqueren mit dem Auto eine Vibration erzeugen, die sich zuerst auf die Reifen und dann auf die Karosserie übertragen. Dadurch wird eine Melodie erzeugt, die der Fahrer aber nur wahrnimmt, wenn er mit der richtigen Geschwindigkeit fährt (gallokc 2013).

Volkswagen liefert einen weiteren Gamification Ansatz im Rahmen der *Fun Theory Series*. In Stockholm präparierten sie eine Treppe so, dass sie nicht nur aussieht wie ein Klavier, sondern auch Töne wie ein Klavier wiedergibt, sobald man eine Stufe betritt. Das führte dazu, dass 66% mehr Menschen als sonst die normalen Treppen, anstatt die Rolltreppen, benutzten (Volkswagen 2009).

Street Pong ist ein weiteres Gamification Projekt, das im Straßenverkehr eingesetzt wird. Bei *Street Pong* spielen zwei Fußgänger das Spiel *Pong* gegeneinander, während die Ampel rot ist. Sie befinden sich jeweils auf der gegenüberliegenden Straßenseite und spielen über ein Display am Ampelmast. Das macht die Wartezeit erträglicher und es hat einen weiteren positiven Effekt: Weniger Menschen überqueren eine rote Ampel. Außerdem wird die Dauer der Grünphase angezeigt und verhindert somit ein Überqueren bei langen Straßen kurz vor der Rotphase (Giewald 2014).

Abbildung 5.8 Street Pong macht die Wartezeiten an einer roten Ampel erträglich. URL: https://www.basicthinking.de/blog/2014/02/10/mit-streetpong-gegen-die-langeweile-die-ampel-an-der-man-das-kult-game-spielen-kann/ (27.12.2019)

5.1.5 Politik

Selbst wenn es um Politik geht, ist Gamification involviert. Vogelsang spricht von Gamification in der rechten politischen Szene, die dazu dienen soll, politische Gegner zu attackieren und ihre Ansichten zu verbreiten (Lucia 2020). Es folgen Beispiele aus der rechten politischen Szene um dies zu verdeutlichen.

Das Kunstprojekt *des Trios LaBeouf, Rönkkö & Turner*, das am Tag der Amtseinführung von Donald Trump gestartet wurde, rief die Öffentlichkeit dazu auf den Satz „He Will Not Divide Us", also „Er wird uns nicht trennen", in die Kamera zu sprechen. Die Kamera, die an der Außenwand eines Museums in New York befestigt war, wurde aber auch von Rechtsextremen genutzt, um rechte Parolen einzusprechen. Vogelsang spricht hier von einem „Paradebeispiel für die Gamifizierung eines Verhältnisses in der realen Welt" (Lucia 2020).

Das rechtsextreme Netzwerk *Reconquista Gemanica* sieht sich ebenfalls als ein Spiel, bei dem sich die Mitglieder verabreden, koordinierte Online-Attacken gegen politische Gegner, Medien und andere Institutionen, durchzuführen. Die Mitglieder kommunizieren vor allem über die Chat-App Discord (Gensing 2018a). Im Jahre 2017 versuchte die Gruppe durch den gezielten Gebrauch von Hashtags zu bestimmten Uhrzeiten, die Algorithmen der Social Media Websites und somit den Online-Diskurs zu manipulieren (Ebner 2018). Außerdem rief das Netzwerk dazu auf, diverse YouTube-Videos mit Kommentaren zu überschwemmen. Auch Jan Böhmermann und Til Schweiger wurden in dem „Handbuch für Medienguerillas" als Angriffsziele gewählt (Gensing 2018b).

Die rechtsextreme Szene des *Daily Stormer* Blogs macht sich die gamifizierte Anwendung *Pokémon Go* zu Nutze. Sie gingen sogar so weit, Kinder, die sich an Fitnessstudios trafen um *Pokémon Go* zu spielen, zu manipulieren. Die User des Blogs wurden aufgefordert, zur nächstgelegenen Location zu gehen und dort Flyer an die Kinder und Jugendlichen zu verteilen. „In diesem Alter wären die Kinder besonders anfällig für Gehirnwäsche", erläuterte Anglin, der Betreiber des Blogs (King/Cohen 2016).

Die Smartphone App *Patriot Peer* ist ein Projekt aus dem Umfeld der *sogenannten Identitären Bewegung* und soll Patrioten und Patriotinnen zusammenführen. Diese rechtsextreme Gamifizierung sorgt für große Aufruhr. Die Applikation funktioniert ähnlich wie klassische Dating Apps, wie beispielsweise *Tinder*. Die User sehen sich gegenseitig auf der Karte und können miteinander kommunizieren. Es besteht die Möglichkeit, den QR Code des anderen einzuscannen, um ihn als Kontakt aufzunehmen. Ziel dabei ist es, Freundschaften zwischen Gleichgesinnten zu schaffen. Außerdem baut die App auf spielerische Art Hierarchien auf. Die Nutzer steigen beispielsweise mit Hilfe von Peer Punkten in höhere Level auf. Diese Peer Punkte soll es unter anderem auf politischen Veranstaltungen zu gewinnen geben, indem man einen vor Ort befestigten QR-Code einscannt (Brust 2018).

5.2 Zusammenfassung

Anhand der Beispiele kann man sehen, wie stark sich Gamification bereits auf die Gesellschaft und auf unsere Arbeitswelt auswirkt. Gamification ist schon längst in unserem alltäglichen Leben integriert, nur die meisten realisieren es nicht als solches, zumal sich die wenigsten mit dem Begriff auseinandersetzen. B. sieht Gamification zudem nicht nur als Trend, sondern als etwas Langfristiges. Dabei geht es nicht unbedingt um Gamification-Projekte, die mit Punkten oder Abzeichen arbeiten und eine kurzfristige Motivation schaffen, sondern um Projekte, die langfristige Auswirkungen haben. Diese Aussage wird durch die aus *Kapitel 4.2* beschriebenen Praxisbeispiele unterstützt, wie beispielsweise das Projekt *Food Heroes*, das auf eine langfristige Motivation abzielt, indem den Kindern die Folgen von schlechter Ernährung spielerisch beigebracht werden. Auch Applikationen wie *mySugr* zeigen, dass im Gesundheitssektor ein großes Gamification Potential steckt.

An dem Projekt *Air Ink* kann man sehen, dass Gamification auch im Bereich Nachhaltigkeit und Umweltverschmutzung einen Einfluss haben kann. Luftverschmutzung ist eines der größten Probleme unserer heutigen Gesellschaft. Dabei kann es hilfreich sein, spielerische Lösungen zu bieten, um die Leute langfristig zu motivieren, etwas gegen die Ursachen zu tun.

Auch in der Schule kann Gamification erfolgreich eingesetzt werden, wie die Beispiele *QuesTanja* und *Classcraft* zeigen. Die Projekte weisen einen rollenspielähnlichen Charakter auf und begleiten die Schüler das ganze Schuljahr hindurch. Dabei steigt nicht nur die extrinsische Motivation der Schüler, indem sie Punkte und neue Items freischalten, sondern auch die intrinsische Motivation, gute Noten zu schreiben, sich am Unterricht zu beteiligen und ihren Mitschülern zu helfen.

Im Straßenverkehr sind oft Passanten oder andere Verkehrsteilnehmer aufgrund von fahrlässigen Aktionen, wie das Beschreiten einer roten Ampel oder das Fahren mit überhöhter Geschwindigkeit, gefährdet. Bußgelder alleine oder Punkte in Flensburg sind für viele keine Abschreckung. Gamification als Motivationszweck funktioniert in diesem Fall viel besser, wie die Projekte *Speed Camera Lottery* oder *Musical Road* zeigen.

Auch in der Politik hat Gamification mittlerweile Fuß gefasst. Dort wird es vor allem benutzt, um die sozialen Medien zu manipulieren und junge Leute zu radikalisieren.

6 Schluss

Die wissenschaftliche Arbeit diente dazu, die Auswirkungen von Gamification in der Arbeitswelt, in der Industrie 4.0 und in der Gesellschaft darzulegen. Die Praxisbeispiele dienten dazu die Wirkungsweise von Gamification zu verdeutlichen.

6.1 Zusammenfassung

Obwohl der Begriff noch relativ neu ist, ist Gamification schon längst ein fester Bestandteil unserer Gesellschaft und Arbeitswelt geworden, sei es beim Einkaufen in der Stadt, im Verkehr, im Gesundheitssektor, in der Industrie oder in der Schule.

Die Grundlagen eines Spiels und der Unterschied zu Gamification wurden in *Kapitel 2* erläutert.

Spielerische Handlungen motivieren Menschen und sind tief in ihnen verankert. Spielerische Motivation ist effizient und fördert sowohl die extrinsische Motivation, zum Beispiel mit Punkte- und anderen Belohnungssystemen, als auch die intrinsische Motivation, die durch Kreativität und Selbstverwirklichung angeregt wird. Das Gamification-Framework von Chou aus *Kapitel 3.1.1* veranschaulicht alle Motivationsaspekte.

Die beiden Vorgehensmodelle aus *Kapitel 3.3* geben einen Einblick in die Entwicklung von Gamification und zeigen die Kernaspekte, um eine erfolgreiche Anwendung zu kreieren.

Die Rolle von Gamification und die Anforderungen in der Industrie 4.0 wurden in *Kapitel 4.2* erläutert.

Das Praxisbeispiel von SEW Eurodrive aus *Kapitel 4.3.1* zeigt die Funktionsweise einer futuristischen Produktionshalle in der Industrie 4.0 und die Möglichkeiten, die mit Gamification umsetzbar sind.

Das Praxisbeispiel der Lampenproduktion am Fließband aus *Kapitel 4.3.2* zeigt, dass es keinen großen Aufwand bedarf, um Gamification in der Fließbandproduktion erfolgreich zu integrieren und die Mitarbeiter zu motivieren.

Die Auswirkungen und Einsatzgebiete von Gamification in der Arbeitswelt und der Gesellschaft werden in *Kapitel 5* erläutert. Gamification ist in etlichen Branchen und Gesellschaftsbereichen etabliert und beeinflusst das Denken und Handeln der Menschen.

6.2 Fazit

Spiele haben einen signifikanten Einfluss auf unsere Gesellschaft und unsere Arbeitswelt, denn Gamification ist in nahezu jeder Branche vertreten. Gamification kann ebenfalls zur Lösung von vielen gesellschaftlichen Problemen, wie Umweltverschmutzung oder Übergewichtigkeit, beitragen. Das Konzept Menschen spielerisch zu motivieren, funktioniert bei Kindern als auch bei Erwachsenen und sowohl bei der Arbeit als auch im Alltag, denn das Verlangen nach spielerischen Handlungen ist ein dem Menschen innewohnendes Konzept.

Die Auswertung der Praxisbeispiele in der Industrie 4.0 aus *Kapitel 4.3* mit Hilfe der SWOT-Analyse weist deutlich mehr Vor- als Nachteile auf. Die Stärken von Gamification kristallisierten sich heraus und stellen unter Beweis wie effizient Gamification sein kann, wenn diese richtig eingesetzt wird. Diese Erkenntnis darf jedoch unter keinen Umständen Trugschluss zulassen, dass jede Gamification Anwendung als erfolgreich und positiv zu bewerten ist. Es gibt viele Faktoren, die den Unterscheid zwischen einer guten und schlechten Anwendung ausmachen können. Das Hinzufügen von Punkten oder Abzeichen in eine sonst langweilige Applikation, macht daraus keine bessere Anwendung und kann in vielen Fällen sogar negative Faktoren hervorbringen. Außerdem sollte Gamification immer ein Ziel verfolgen und nicht durch schlechte Umsetzung davon ablenken. Gute Gamification stimuliert sowohl die extrinsische als auch die intrinsische Motivation.

Wie man anhand der Beispiele aus *Kapitel 5* sehen kann, hat Gamification auch einen großen Einfluss auf die Gesellschaft und Arbeitswelt. Selbst Kleinigkeiten aus dem Alltag, wie beispielsweise ein sprechender Mülleimer, können einen großen Unterschied machen und die Leute motivieren, gute Dinge zu tun.

Ein großes Problem das mit der heutigen Gesellschaft einhergeht, ist der verschwenderische und unachtsame Lebensstil. Die Menschen nehmen immer weniger Rücksicht auf die Umwelt und ihre Gesundheit.

Auch hier bietet Gamification mit einer Vielzahl von Anwendungen, wie zum Beispiel *Air Ink* und *Food Heroes*, die auf die Luftverschmutzung und schlechte Ernährung aufmerksam machen, entsprechende Anreize, welche die Menschen dazu bringen können, ihr Verhalten zu ändern und damit für die Umwelt und für sich selbst etwas Gutes zu tun.

6.3 Ausblick

Die Zukunft von Gamification wirkt vielversprechend. Die Ergebnisse dieser wissenschaftlichen Arbeit dienen dazu, auf die positiven Aspekte und die vielen Einsatzmöglichkeiten von Gamification, aufmerksam zu machen.

Gamification ist in unserer Gesellschaft und in der Arbeitswelt schon etabliert, jedoch gibt es noch viel ungenutztes Potential. Es wäre in diesem Zusammenhang lohnenswert, zu untersuchen, in welchen Bereichen Gamification noch nicht vertreten ist und in welchen Bereichen Gamification eine Bereicherung für die Gesellschaft und für die Arbeitswelt wäre. Daraus könnten sich eventuell neue Wirtschaftszweige/Branchen bilden.

Vor allem in der Industrie 4.0 besteht noch viel Forschungsbedarf. Das Beispiel von SEW Eurodrive aus *Kapitel 4.3.1* hat gezeigt, wie man Elemente aus digitalen Spielen in der Praxis einsetzen kann. Es wäre in dieser Hinsicht wichtig zu untersuchen, welche Spielelemente und Mechaniken sich für den Einsatz in der Industrie eignen würden.

Hier gibt es neben der persönlichen Bereicherung für die Mitarbeiter ein nicht unerhebliches wirtschaftliches Potenzial für die Unternehmen, wenn die Ertragskraft durch motivierte Mitarbeiter und effizientere Prozesse gesteigert werden kann.

Wenn es um das Thema Nachhaltigkeit und Klimaneutralität geht, könnte ebenfalls noch intensiver geforscht werden. Die Projekte *Air Ink* und *TetraBIN* aus *Kapitel 5.2.2* machen ein Schritt in die richtige Richtung, jedoch gibt es noch viele weitere Gebiete, wie zum Beispiel erneuerbare Energien, in denen Gamification eingesetzt werden könnte. Eine Applikation, die Unternehmen und Haushalte motiviert, auf erneuerbare Energien umzusteigen, wäre eine Bereicherung für die Gesellschaft und die Arbeitswelt.

Feinstaub ist ebenfalls ein großes Problem vieler Städte. Auch hier kann Gamification zur Lösung des Problems beitragen. Eine Smartphone-Anwendung in Kooperation mit der Deutschen Bahn, welche die User motiviert öffentliche Verkehrsmittel innerhalb der Stadt zu benutzen und das Auto stehen zu lassen, wäre zum Beispiel ein Lösungsansatz.

Auf Grundlage der dargestellten Ergebnisse lässt sich ableiten, dass Gamification ein mächtiges Werkzeug sein kann, um Menschen zu motivieren, sich und ihre Umwelt zu verändern. Zusätzlich zu den positiven, sozialen und persönlichen Vorteilen, die sich daraus ergeben, kann dies auch erhebliche positive Effekte auf der wirtschaftlichen Seite mit sich bringen. So könnten beispielsweise die Kosten im Gesundheitswesen deutlich gesenkt werden und die Gesellschaft müsste auch weniger Geld ausgeben, um die Folgen von Umweltschäden zu beseitigen.

So betrachtet gibt es viele Gründe, mehr Geld in die Forschung von Gamification zu investieren.

Abschließend lässt sich sagen, dass die Grundlagen und das Wissen für erfolgreiche Gamification-Anwendungen schon seit etlichen Jahren bestehen.

Allerdings ist dies nur sehr wenigen Menschen bewusst, so dass die Voraussetzungen für eine sinnvolle Weiterentwicklung und Verbreitung von Gamification noch nicht ausreichend vorhanden sind.

Um zukünftig die vielfältigen Einsatzmöglichkeiten und die daraus resultierenden Vorteile von Gamification in großem Umfang nutzen zu können, muss erst noch durch gezielte Kommunikation in den Medien die Akzeptanz, bzw. die Begehrlichkeit in der Bevölkerung für die Anwendung von Gamification geschaffen werden.

Auf der anderen Seite sollte die Öffentlichkeitsarbeit aber auch dazu dienen, das Bewusstsein der Menschen dahin gehend zu schärfen, dass auch negative Auswirkungen durch Missbrauch von Gamification entstehen können.

Wenn diese Punkte beachtet werden, steht einer sinnvollen Verbreitung von Gamification nichts mehr entgegen.

Literaturverzeichnis

Bartle, Richard (1996): Hearts, clubs, diamonds, spades: Players who suit MUDs, Colchester. URL: https://www.researchgate.net/publication/247190693_Hearts_clubs_diamonds_spades_Players_who_suit_MUDs (14.02.2019)

Bloch, Phillip (2016): 5 Beispiele für gelungene Gamification. URL: https://medium.com/@philippbloch/5-beispiele-f%C3%BCr-gelungene-gamification-92204515345 (09.01.2020)

Brust, Susanne (2018): App der identitären Bewegung: Rechtsextreme Scheinspielereien. URL: https://taz.de/App-der-identitaeren-Bewegung/!5511139/ (09.01.2020)

Callais, Roger (2001): Man, Play and Games, University of Illinois Press. URL: http://voidnetwork.gr/wp-content/uploads/2016/09/Man-Play-and-Games-by-Roger-Caillois.pdf (12.12.2019)

Chou, Yu-kai (2014): Actionable Gamification, Beyond Points, Badges and Leaderboards. URL: https://www.nima.today/wp-content/uploads/2018/11/Actionable-Gamification-Beyond-Points-Badges-And-Leaderboard.pdf (12.02.2019)

Classcraft: Gamifiy Your Classroom, o.V., o.D. URL: https://www.classcraft.com/lp/gamify-01/ (27.12.2019)

Deterding, Sebastian; Dixon, Dan; Khaled, Rilla; Nacke, Lennart E. (2011): Gamification: Toward a Definition, Vancouver. URL: http://gamification-research.org/wp-content/uploads/2011/04/02-Deterding-Khaled-Nacke-Dixon.pdf (12.12.2019)

Ebner, Julia (2018): Forscherin schleust sich bei Hasskommentatoren ein – und erlebt Erschreckendes. URL: https://www.focus.de/politik/experten/gastbeitrag-von-julia-ebner-hass-auf-knopfdruck-wenn-die-verbreitung-von-hass-computerspiel-charakter-bekommt_id_8554382.html (09.01.2020)

Food heroes, o.V., o.D. URL: https://www.foodheroes.org/ (24.12.2019)

Franzen, Harald (2018): Ein Start-up aus Indien macht Tinte aus Smog. URL: https://www.dw.com/de/ein-start-up-aus-indien-macht-tinte-aus-smog/a-45774134 (24.12.2019) gallokc (2013): Musical Road-Lancaster, CA. URL: https://www.youtube.com/watch?v=EK1ocEbJA7c (27.12.2019)

Gamification und Bildung – Wenn Schule zum Spiel wird, o.V. (2016). URL: https://web20ph.blogspot.com/2016/03/gamification-und-bildung-wenn-schule.html (27.12.2019)

Gensing, Patrick (2018a): Soziale Netzwerke: Wie Trolle im Wahlkampf manipulierten. URL: https://www.tagesschau.de/faktenfinder/inland/manipulation-wahlkampf-101.html (09.01.2020)

Gensing, Patrick (2018b): Rechte Trollfabrik: Infokrieg mit allen Mitteln. URL: https://www.tagesschau.de/faktenfinder/inland/organisierte-trolle-101.html (09.01.2020)

Giewald, Johannes (2014): Hildesheim: "Street Pong" an der Ampel spielen. URL: https://www.heise.de/newsticker/meldung/Hildesheim-Street-Pong-an-der-Ampel-spielen-2459849.html (09.01.2020)

Henke, Michael; Kaczmarek, Sandra (2017): Gamification in der Logistik, München

Hery-Moßmann, Nicole (2018): Blutspenden für Geld- hier gibt's eine Entschädigung. URL: https://praxistipps.focus.de/blutspenden-fuer-geld-hier-gibts-eine-entschaedigung_97597 (26.12.2019)

Hompel, Michael ten; Vogel-Heuser, Birgit; Bauernhansl, Thomas (2017): Handbuch Industrie 4.0, München. URL: http://files.hanser.de/Files/Article/ARTK_LPR_9783446446427_0001.pdf (16.12.2019)

Huizinga, Johan (2013): Homo Ludens: Vom Ursprung der Kultur im Spiel, Reinbek bei Hamburg. URL: https://wiki.zhdk.ch/vbk/lib/exe/fetch.php?media=public:lehre:huizinga_-_homo_ludens.pdf (23.12.2019)

Hunicke, Robin (2004): MDA: A Formal Approach to Game Design and Game Research. URL: https://www.researchgate.net/publication/228884866_MDA_A_Formal_Approach_to_Game_Design_and_Game_Research (07.01.2020)

King, James; Cohen, Adi (2016): Alt-Right Recruiting Kids With "Pokémon Go Nazi Challenge". URL: https://www.vocativ.com/357002/alt-right-pokemon-go-nazi-challenge/index.html (09.01.2020)

Korn, Oliver; Vauderwange, Oliver (2017): Gamification in der Produktion – Anforderungen und Potenziale. URL: https://www.researchgate.net/publication/315897098_Gamification_in_der_Produktion_-_Anforderungen_und_Potenziale (17.12.2019)

Lindemann, Thomas (2019a): Games und Business – Passt das zusammen? URL: http://thomas-lindemann.com/gamification/games-und-business-passt-das-zusammen/ (12.12.2019)

Lindemann,Thomas (2019b): 8 erfolgreiche Beispiele für Gamification im Bereich Automotive. URL: http://thomas-lindemann.com/gamification/8-gamification-beispiele-im-bereich-automotive/ (21.12.2019)

Lucia (2020): Gamification als Strategie: Wenn Faschisten Faschisten spielen. URL: https://netzpolitik.org/2020/wenn-faschisten-faschisten-spielen (09.01.2020)

mtp, o.V. (2018): Spaß, Wettbewerb und Marketing: Gamification / MTP e.V. URL: https://www.mtp.org/magazin/2018/11/15/gamification/ (09.01.2020)

mySugr Diabetes App – dein digitales Tagebuch, o.V., o.D. URL: https://mysugr.com/de-de/diabetes-app (27.12.2019)

Niesenhaus, Joerg (2015): Spielerische Motivation am Fließband: Gamification in der industriellen Produktion. URL: https://www.competence-site.de/spielerische-motivation-am-fliessband-gamification-in-der-industriellen-produktion/ (20.12.2019)

Pelz, Waldemar (2018): SWOT Analyse: Definition, Beispiele und Vorlagen zum Erstellen einer SWOT-Analyse. URL: https://www.wpelz.de/swot-analyse/SWOT-Analyse.pdf (30.12.2019)

Rackwitz, Roman (2016): Blutspende richtig designt. URL: https://romanrackwitz.de/2016/11/blutspende-richtig-designt/ (26.12.2019)

Rolighetsteorin (2009): Bottle Bank Arcade – TheFunTheory.com – Rolighetsteorin.se. URL: https://www.youtube.com/watch?v=zSiHjMU-MUo (09.01.2020)

Schell, Jesse (2008): The Art of Game Design: A Book of Lenses, Burlington. URL: http://www.sg4adults.eu/files/art-game-design.pdf (23.12.2019)

Schell, Jesse (2016): Die Kunst des Game Designs: Bessere Games Konzipieren und Entwickeln, Frechen. URL: https://www.mitp.de/out/media/9783958452824_Leseprobe.pdf (03.01.2020)

Schiller, Friedrich (1795): Über die ästhetische Erziehung des Menschen. [2.Teil; 10. bis 16. Brief] In: Friedrich Schiller (Hrsg.): Die Horen, Band I, 2.Stück. Tübingen, 1795. URL: http://www.deutschestextarchiv.de/book/view/schiller_erziehung02_1795?p=38 (30.12.2019)

Schmidt, Ralf; Brosius, Christoph; Herrmanny, Katja (2015a): Ein Vorgehensmodell für angewandte Spielformen, Duisburg-Essen. URL: https://www.researchgate.net/publication/282428477_Ein_Vorgehensmodell_fur_angewandte_Spielformen (14.12.2019)

Schmidt, Ralf; Emmerich, Katharina; Schmidt, Burkhardt (2015b): Applied Games – In search of a new definition, Duisburg-Essen. URL: https://www.researchgate.net/publication/284169462_Applied_Games_-_In_Search_of_a_New_Definition (14.12.2019)

Schneider Team, o.V. (2017): Industrie 4.0: Von smarten Müllcontainern und automatischen 3D-Druckern. URL: https://blog.se.com/de/arbeiten-bei-schneider-electric/2017/05/22/industrie-4-0-internet-der-dinge/ (23.12.2019)

TetraBIN, spielt mit diesem Mülleimer, o.V. (2017). URL: https://gaminggadgets.de/tetrabin-spielt-mit-diesem-muelleimer (23.12.2019)

The Lancet Planetary Health, o.V. (2018): The impact of air pollution on deaths, disease burden, and life expectancy across the states of India: The global Burden of Disease Study 2017. URL: https://www.thelancet.com/journals/lanplh/article/PIIS2542-5196(18)30261-4/fulltext#articleInformation (23.12.2019)

The Medical Futurist, o.V. (2018): The Swedish Speed Camera Lottery and Healthy Living. URL: https://medicalfuturist.com/swedish-speed-camera-lottery-healthy-living/ (27.12.2019)

Volkswagen (2009): The Fun Theory 1 – Piano Staircase Initiative / Volkswagen. URL: https://www.youtube.com/watch?v=SByymar3bds (27.12.2019)